社企

是門好生意？

徐沛然
著

前言

自二〇〇七年，臺灣的出版社翻譯了二〇〇六年諾貝爾和平獎得主穆罕默德．尤努斯（Muhammad Yunus），所著《窮人的銀行家》一書之後，微型貸款的概念首次正式地被介紹給臺灣社會。尤努斯以其在一九七〇年代所創辦「窮人的銀行」獲獎。他看到孟加拉的窮人因缺乏資金改善生活與生產工具，同時深陷傳統高利貸的利息迴圈中無法脫貧。而傳統銀行業者因不信任窮人的還款能力，將窮人拒於門外，不願意貸款給窮人。但尤努斯認為，很多時候只需要一點點的資金，窮人就有可能因此獲得翻轉的機會。微型貸款巧妙地將銀行放款和扶貧工作連接起來，讓人理解到，即便是營利性的金融工具，也能發揮其正面效應。

二〇一〇年，臺灣的大智文創獲得授權，開始在臺灣發行臺灣版的《大誌》（*The Big Issue*）雜誌。《大誌》起源於一九九一年的英國，街友透過販賣這本雜誌賺取收入，進而改善生活。讓購買雜誌的商業行為，也能同時幫助街友。英國《大誌》目前每週發行量已到達近八萬三千份，英國《大誌》在其網站上宣稱，商業手段可以解決社會問題，同時這種街頭報紙的扶貧模式，已經散布到全球一百二十多個國家。

二〇〇六年，年輕企業家布雷克・麥考斯基（Blake Mycoskie），因看到阿根廷的小朋友沒有鞋子可穿，於是創辦了TOMS Shoes公司，以「賣一捐一」（One for One）的商業模式，幫助第三世界的小朋友。「TOM」三個字母取自單字「Tomorrow」，TOMS Shoes意思是明日之鞋（Tomorrow's Shoes），TOMS Shoes承諾每售出一雙鞋子，就會捐贈一雙鞋子給全球需要的小孩。根據其官網資料顯示，至目前為止，TOMS Shoes已經捐出了六千萬雙鞋子到超過七十個國家給需要的兒童。這些都是社會企業的經典案例。

社會企業這個在全球日漸受到矚目的名詞，在臺灣也越來越受重視。近幾年在產官學界的通力合作下，臺灣的社會企業領域日益蓬勃發展。行政院更於二〇一四年公布「社會企業行動方案」，三年內投入新臺幣一億六千多萬元以培育臺灣的社會企業。而在前述方案結束後，行政院又核定了後續的「社會創新行動方案」。整合更多部會共同推動，預計於二〇一八年至二〇二二年的五年期間，投入新臺台幣八十八億元以鼓勵和發展社會創新。此外，越來越多的團體或個人，透過提供服務或開發產品，嘗試這類「以商業模式解決社會問題」的創業途徑。也有越來越多的公益創投、社企推廣團隊興起，以「邊賺錢邊做好事」這類願景，鼓勵人們積極開創社會企業。

社會企業的推廣者，往往批評傳統慈善團體「依賴補助和捐款」，因此「不夠獨立」，而一般的企業，「缺乏使命感」、「只顧營利」。他們強調社會企業秉持社會責任、環境責任以及經濟責任的「三重底線」（triple bottom line），並發揮創造力，開發以商業手段解決社會問題的營利模式，創造共榮。然而，我們不禁要問，社會企業真的如此美好嗎？「營利」和「解決問題」，當真能順利結合？這帖藥方毫無任何副作用？

確實，社會企業不是什麼烏托邦，獲利的壓力仍在，其產品或服務仍然需要在市場上競爭，以求生存。因此，一般企業或民間團體會發生的問題，從苛扣勞工待遇，到製造汙染，甚至惡意詐欺，在社會企業領域中都曾經發生過。也許有人會說，這些都是少數個案，不應一竿子打翻整船人。也有人會說，如果社企的產品和服務產生正面效應多過於負面影響，那仍舊值得肯定。這似乎是個務實的說法，然而，誰來評估？怎麼評估？

就像是企業有好有壞，如果僅停留於探討個案，那麼只會得到好企業應該肯定，壞企業應該譴責的泛泛說法。我們除了談個案之外，更應該要對各種問題狀況，提供更高層次的分析。本書的企圖，就是透過各種案例探討社會企業此一概念，並提供更具歷史性、社會性的批判分析。如此一來，我們才能恰當地評估社會企業的整體效應，以及社會企業此一路徑指向怎樣的一種未來。

社會企業的新自由主義起源

當前我們所談的社會企業，起源於一九七〇年代末期，由英國首相柴契爾夫人、美國總統雷根所發起的新自由主義，或稱新保守主義的政策變革。在當時，社會福利預算遭到大幅度刪減，慈善團體失去從政府部門而來的補助，因而試圖販賣服務與商品開闢組織財源，以求存續。九〇年代初期，由哈佛大學商學院教授注意到這個現象，高度肯定民間團體的「企業家精神」，並稱之為「社會企業」（social enterprise），此為當前社會企業詞彙正式出現的濫觴。

原本是慈善團體被迫從事的營利行為，在社會企業的詮釋架構中，獲得了全新且正面、積極的意義。上個世紀八〇、九〇年代新自由主義的鼓吹者致力於將公共領域私有化、市場化，那時候他們的說法是：「讓市場力量解決社會問題」，如今社企的推廣者們標榜：「用商業手段解決社會問題。」這兩段陳述有著極其相似的邏輯，這不是巧合，而是新自由主義的延伸及變形。其目的都在於擴大市場的力量，並說服大眾這是解決社會問題的最好途徑。這就是社會企業崛起的歷史背景，以及其意識型態基礎。在本書中，我們將從實際案例出發，探討社會企業概念對公共政策的影響。

從傳統慈善到社會企業

傳統慈善事業的做法是，透過募捐，政府補助款或是一定比例的營業收入獲得一筆資金，再將這筆資金投入其慈善項目當中。社會企業則試圖顛覆此做法，它們將營利手法與社會目的相結合，因此宣稱，只要購買其服務或產品，透過購買本身，就可以達到其社會目的。例如購買《大誌》，就等於幫助街友，購買TOMS Shoes，需要的兒童就有鞋子穿。看似有道理，但如果依照此一邏輯，我們似乎也能主張，因為運動品牌愛迪達（Adidas）的球衣是在柬埔寨工廠中由女工所製作，所以我們購買愛迪達球衣，就是在幫助柬埔寨貧窮的女工嗎？既然如此，愛迪達能夠算是社會企業嗎？

這樣的說法片面解讀並扭曲了經濟行為的社會面向。我將在本書中拆解這看似弔詭的陳述，並探討社會企業的「社會」是什麼？「企業」又是指什麼？透過分析經濟行為中的社會性，以釐清此一爭議。

金字塔底層商機與創造性資本主義

社會企業家們不僅僅關注自身社會的問題，他們也經常將目光放在相對貧窮、低度發展的發展中國家。數十年來，各種國際援助、慈善事業湧向亞洲、非洲、拉丁美洲等發展中國家，不僅成效有限，也造成了許多國家依賴援助的負面效應。二〇〇四年，密西根大學羅斯商學院教授普拉哈（C. K. Prahalad），出版了《金字塔底層大商機》（*The Fortune at the Bottom of the Pyramid: Eradicating Poverty Through Profits*）一書，迅速造成轟動。他主張，全球數十億的貧窮人口，雖然個別消費力低落，但加總起來的金額依舊龐大。企業應該將金字塔底層的民眾視為消費者，透過提供他們所需要的產品或服務，不僅能開發新商機，還可以幫助他們脫離貧窮。普拉哈的想法，讓發展中國家民眾從需要被幫助的窮人，搖身一變成為極具開發潛力的商機與消費者。這樣的概念翻轉，引發眾多的迴響與討論。

二〇〇八年，在瑞士達沃斯（Davos）所舉辦的世界經濟論壇（World Economic Forum）中，世界鉅富，微軟創辦人比爾・蓋茲（Bill Gates）這麼說：「我們所面臨的挑戰是要設計出一種新制度，提供包括獲利和表揚的市場誘因，以驅動改變。我把這種新制度稱為『創造性資本主義』」。事實上，比爾・蓋茲所提的「創造性資本主義」，不是一個新的概念。更早期就有「慈善資本主義」（philanthropic capitalism）的類似說法。其共通點都在於，承認資本主義會產生一些問題，但也看到資本主義創造的巨大進步與財富。認為我們可以透過改造資本主義，讓資本主義為良善的目的而運作。

儘管這兩人著重的重點有差異，但這類的想法，其實就是「商業力量拯救世界」的不同版本。這中間有很多值得進一步探討的概念。除此之外我們也會討論一些案例，進一步來檢驗這類說法的可信程度。究竟發展中國家的民眾能否因為「商機開發」而改善生活？

商品化、消費、解決問題？

當社會問題被轉化為可販售的商品或服務時，中間得經過「商品化」的過程。在商品化過程中，「問題的解決」經常被巧妙地替換成「需求的滿足」。事實上，滿足需求本來就是市場的作用。舉例而言，在非洲某些地區因為缺乏乾淨的飲用水，所以有人成立社會企業，在當地販賣環保材質的、便宜的淨水器，讓人們可以將地下水、雨水或是池塘裡的水快速過濾後使用，聽起來不賴。淨水器確實滿足了當地民眾需要乾淨水的「需求」。然而，問題的根本難道不在於當地需要有乾淨的公共用水嗎？

此外，既然社會企業主張購買本身就完成了社會目的，那麼解決社會問題的方式，就是更多的購買，更多的消費嗎？在前述的例子當中，買更多的淨水器，只是滿足更多的「需求」，並不能真正「解決問題」。當商機建立於社會問題的存在之上，那麼解決這個問題的同時，有時也代表要消滅這個商機。淨水器得以持續銷售的前提在於當地一直缺乏乾淨的公共用水。那麼如果今天社區民眾，或是政府打算要建立公共的給水系統時，這間社會企業會怎麼做？又或者，淨水器滿足了飲水的需求，也許當地社區或政府就不打算設置公共給水系統了，然而這樣真的好嗎？作為一個企業，你希望自己的商機永續，但社會企業的商機永續，是否也代表了問題永續？這是社會企業將社會問題商品化後必然存在的矛盾。

社會企業帶來美好未來？

即便我們退幾步，認為營利或商業手法確實是解決社會問題可能採取的手段之一。但不同的工具有其適用的狀況，我們仍然得先認真地分析自己想處理的社會問題成因，再評估應該採取什麼行動方案以試圖解決或改善問題。到了這個階段，我們才會開始考量是否採用營利模式。然而，社會企業的推廣者們往往不探討前述這些嚴肅的問題，也不扎實地分析社會問題的成因，而是醉心於宣傳各種創意十足的社企案例，沉迷於展示社會企業在世界各地的廣泛應用。彷彿社會企業是解決社會問題的萬靈丹，不論症狀如何，吃下去都可藥到病除。也讓人不禁懷疑，他們在意的究竟是社會問題，還是在意他們口中那套神奇的商業模式？

資深國際非營利組織工作者及發展研究學者麥可・愛德華（Michael Edwards）在其二〇〇九年的一篇名為〈在所謂的「社會經濟」中，「社會」在哪裡？〉的文章中，他提到許多人對於這類的社會企業趨勢，或是由全球鉅富推動的慈善資本主義感到憂心。他們擔心：社會行動者被社會企業家取代；集體行動被個別消費取代；政治被專家治理取代；集體互助被個人主義取代；合作被「社會資本市場」的競爭取代；多樣化的工作成果被標準化的「社會投資報酬」取代；公民和公民權利被轉化為客戶或消費者；經濟和政治的權利被定義為擁有更多的選擇[1]。

在這本書中，我將盡力釐清社會企業各種曖昧模糊的概念，並搭配探討實際案例。當然，這些討論跟分析反映了我的立場，我不認為社會企業是值得推廣或追求的一種「問題解決途徑」。商業模式固然可以是收入來源，也可以是推動倡議的工具之一，在一定條件下，也能帶來一些正面效應。但推廣社會企業做為問題解決手法的背後，是新自由主義的意識形態。這麼做往往並不真的解決什麼問題，反而誘使我們偏離了直面各種複雜社會問題的艱困道路，滑向一個更為輕鬆，不需要掙扎與改變，只需要靠善意與消費就可以拯救世界的虛假捷徑。

CONTENTS

THE BIG ISSUE
THE BIG ISSUE
THE BIG ISSUE

第6章

發展中國家：社會企業實驗場

第7章

貧窮旅遊與體驗型社會企業

第8章

金字塔底層商機

推薦序

※本書體例說明：引用出處與參考書目採橫排左翻，條目依章名順序。

第1章
社會企業與新自由主義

不管是八〇、九〇年代新自由主義推手們所主張的：「以市場方案解決社會問題」；或者是當前社會企業倡導者們的口號：「以商業模式解決社會問題」。他們使用著一致的邏輯，共享著相同的價值觀。

在一般的非營利組織概論中，經常以三部門架構解釋社會的結構。在這套分析架構中，政府是第一部門、企業是第二部門，而民間團體、非營利及非政府組織等社會團體則被稱為第三部門。一般我們所認知到的人民團體，包括協會、基金會，或是慈善團體等等，均被歸類在第三部門。有時我們會強調它們相對於政府的定位，而稱之為非政府組織（Non-Government Organization，簡稱NGO）。有的時候則是強調其相對於營利事業的角色，而稱之為非營利組織（Non-Profit Organization，簡稱NPO）。營利與非營利之間最主要的差別在於營利事業可將盈餘分配給股東，而非營利組織則否。所以非營利組織一樣可以販賣商品或是提供收費服務，但所獲得收益需保留於組織所

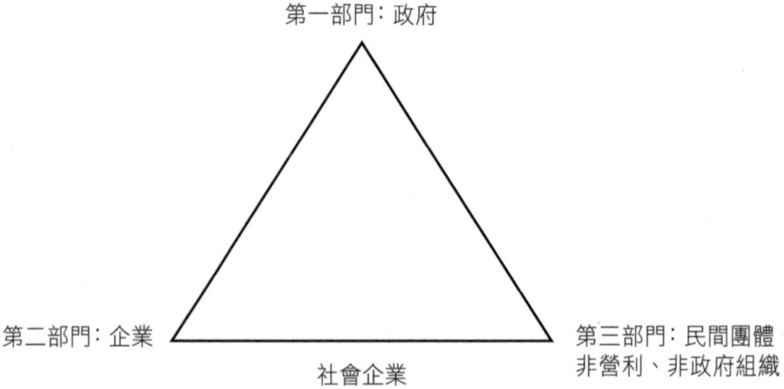

三部門模型

用，不圖利特定人士。也因此，非營利組織經常肩負著促進社會公益的任務，各國政府往往也會給予非營利組織稅務優惠或各種補貼。

這三部門之間的互動構成了社會的樣貌。在這套架構中，社會企業可以視為坐落在第二部門（企業）和第三部門（社會團體）之間。因此，我們可以大致直觀地認為，社會企業顧名思義就是混合了企業跟社會團體特質的組織。

這樣的說法雖然有助於我們理解社會企業，但其實際面貌仍舊模糊。然而究竟社會企業是什麼？定義為何？學界並沒有一致的說法。根據學者迪佛尼（Defourny）跟倪森思（Nyssens）的研究指出，在一九九〇年之前，不管是歐洲還是美國學界，均甚少探討社會企業（social enterprise）、社會企業家（social entrepreneur）和社會創業精神（social entrepreneurship）等概念[1]。也就是說，社會企業相關的概念，是在一九九〇年代之後才在學界之中逐漸興起，並獲得重視。在這些社會企業的研究和討論中，除了關注新興型態事業外，也經常回溯之前的歷史，將一九八〇、一九七〇，甚至更早之前的一些組織或經營手法納入社會企業的範疇。而根據不同學者的定義和研究意圖，他們對社會企業也往往有著不同的定義。有的學者強調營利行為，有的學者則著重於創新模式。甚至有的學者將非營利組織也視為社會企業的一種型態。

社企定義分歧：歐陸vs.美國

社會企業定義的分歧又跟研究者各自社會的發展脈絡息息相關，在迪佛尼跟倪森斯的論文中[2]，他們認為社會企業的定義大致上可以劃分為「歐陸路線」跟「美國路線」兩種。以歐洲而言，在一九七〇年代至一九八〇年代，各國逐漸面臨到經濟停滯、通貨膨脹、失業率增加的狀況，因而紛紛祭出各種改革方案。其中包括勞動力市場改革。將福利政策從原本對失業者現金給付的方式，轉向職業訓練、工作補貼和積極媒合就業等措施。在這過程中，非營利組織扮演的角色日漸吃重，不僅協助政府執行這些政策，這類的非營利組織本身也形成了龐大的就業市場。這種政府和民間團體協作的模式，激發了許多新的生產動力和創業精神，在法國、比利時等國家又被稱為社會經濟（social economy）或是團結經濟（solidarity economy）。

而在另外一些國家，例如南歐的西班牙、葡萄牙以及義大利，擁有深厚的合作社傳統。以義大利而言，在一九八〇年代，逐漸興起一些新型態的合作社。有別於傳統合作社，新型態的合作社往往以社區為單位，其會員組合更多元，包括了不同型態的利益關係人。一九九一年義大利所制定的《社會合作社法》，更被視為是歐洲社會企業發展的里程碑。至此之後，歐洲各國政府陸續制定了各種社會企業相關的法規以因應這些新的組織型態和創業行為。

而在美國的情況則與歐洲有所不同。美國聯邦政府在一九六〇年代起推動「大社會方案」（the Great Society Program），編列大筆預算至教育、醫療照護、扶貧和社區發展等領域，擴大社會福利規模。這些資金大量挹注於民間團體，由非營利組織承接政府方案提供相關服務，使得當時非營利組織的規模和數量都迅速增長。而到了一九七〇年代末期，經濟蕭條使得社會福利縮水，預算刪減，迫使非營利組織必須增加其他收入來源以填補政府經費縮減的缺口。其中，擴大既有的產品銷售，或是試圖開發新產品或收費服務，就成了許多非營利組織嘗試努力的方向。過往美國的非營利組織或慈善機構，一直都有義賣自製產品的傳統，但銷售所得占組織收入的比重普遍不高。在一九七〇至一九八〇年代特殊的歷史脈絡下，美國的非營利組織面臨巨大的存續危機與轉型挑戰。到了一九九〇年代初期，美國學界注意到這個現象，並開始討論社會企業與社會企業家的概念。直到一九九三年，哈佛大學商學院開設了「社會企業創始」（Social Enterprise Initiative）課程，為美國社會企業的發展與研究，開創了重要的先河。

除此之外，一九八〇年代早期，一間名為「全新冒險」（New Ventures），專為非營利組織開創商業模式而提供諮詢的顧問公司成立，被視為社會企業諮詢顧問產業的開端。一九八〇年，比爾・德雷頓（Bill Drayton）創辦了阿育王基金會（Ashoka）。其成立宗旨為發掘與扶植能夠引發社會變革，解決社會問題的社會企業家。時至今日，這類從事公益創投（venture philanthropy），投資社會企業的基金會越來越多，和前述的顧問產業共同構成了美國社會企業的特色。①

因著各自社會背景和歷史條件的不同，歐洲和美國的社會企業思想呈現出不同的風貌。相較於美國，歐洲社會企業的型態和學界的定義，比較著重於和政府合作、社區工作、創新、社會民主等面向。不論組織型態是公司、非營利組織或是合作社，是否採取商業模式等等，都不在此限。資金來源方面，雖然各國情形有所差異，但仍有相當比例仰賴政府的資金。

相較之下，美國的學界和業界對社會企業的定義較著重於非營利組織採用的商業模式；或是由商業組織販售有利於社會的創新產品或服務。因此，如何透過商業以及市場機制，在改善社會問題的同時賺取收入，往往是美國社會企業思想的重點。在資金來源上，美國的社會企業傾向更為強調以商業行為賺取收入。②

定義上的分歧，也增加我們討論社會企業這一主題的難度。歐洲的取向雖然包容性較大，但是將組織型態各異、經營手法也相去甚遠的團體全都放在社會企業，或是社會經濟的大旗之下，使得我們很難針對此一主題做細緻討論。而美國的取向雖然更為簡單明瞭，但也有將社會企業過度侷限於商業領域的缺憾。但對於實務界來說，後者的簡單直接帶來許多好處，因此實務界也往往較傾向使用後者的定義。

臺灣的社會企業推廣者們，或許一方面其學經歷背景主要來自於美國，受到美國社企思想的影響較深。另一方面，美式的社企定義確實更容易讓大眾理解。所以他們平常談論社企時，多半也採用美式的社企定義。以臺灣最主要推廣社會企業的網站《社企流》為例，他們在網站上對社會企業的說明如下：

廣義而言，「社會企業」指的是一個用商業模式來解決某一個社會或環境問題的組織，例如提供具社會責任或促進環境保護的產品／服務、為弱勢社群創造就業機會、採購弱勢或邊緣族群提供的產品／服務等。其組織可以以營利公司或非營利組織之型態存在，並且有營收與盈餘。其盈餘主要用來投資社會企業本身、繼續解決該社會或環境問題，而非為出資人或所有者謀取最大的利益。

①社企創業顧問公司和創投基金會不僅存在於美國。但相較之下，在美國其活躍程度和對產業的影響程度確實較為突出。特別是在二〇〇〇年後，許多新興富豪如比爾．蓋茲、巴菲特、史克爾等，紛紛成立基金會鼓勵創新，推廣社企概念。

②英國則是較為特殊的類型，在文化和歷史背景上和歐洲各國相近，但在其當代政治經濟制度，以及政府的福利政策演變上，卻和美國較為類似。因此學者認為，英國的社企發展同時具備歐洲和美國的特質。

我們可以看到，「以商業模式解決社會問題」是他們對社企最核心的定義，也大概是臺灣民眾接觸到最普遍的說法。而「既賺錢又做好事」，也常常被他們當作簡單解釋社會企業的口號，這無疑是比較傾向美國模式的社企定義。接下來在本書中提及社會企業時，如無特別註明，原則上我們就沿用此定義，以便討論聚焦。

除了定義的分歧之外，社會企業亦存在著許許多多不同的分類方式。有的學者以組織型態分類；有的學者以提供的產品類型區分；有的學者以收入來源比例區分；有的學者則是以組織投入的領域區分。以上這些不同的分類方式，取決於研究者自己的研究方向和問題意識，因分類方式眾多，我們就不一一詳述。

各國社企法規與發展概況

特別值得注意的是，因為社會企業這種介於企業和非營利組織之間的定位，不管是出於規範、管理或是鼓勵的動機，自二〇〇〇年後，各國政府陸續開始制定社會企業的相關法規。透過這些法規，讓某一些類型的社會企業在法律上取得了明確定位。茲介紹以下幾種：

社區利益公司（Community Interest Company, CIC），英國，二〇〇五年

所謂的社區利益公司（CIC），指的是依據二〇〇五年英國政府實施的《社區利益公司管理條例》（The Community Interest Company Regulations 2005）[3]，所成立的公司。根據該條例規定，社區利益公司的宗旨是要增進社區整體或部分的利益，但組織型態必須是公司，而不能是非營利組織③。公司的身分，讓社區利益公司能夠發行股票以及配發股息，同時又不像非營利組織那樣，得受到較為嚴格的法律監管，財務跟組織的靈活度較高。

此外，社區利益公司需遵守以下規範[4]：

1. 社區利益聲明及社區利益報告：

申請成立時需提交社區利益聲明給主管機關，說明要採用什麼方式使社區獲益，並且需在組織章程中同時註明。每年需繳交年度社區利益報告給主管機關，具體說明一年來公司對社區的貢獻，財務狀況、董事薪酬、股息配發等等的訊息。

---

③因為其管理條例的母法是來自於二〇〇四年《公司法》的修正案。[5]

2. **股息分配上限**

股息分配上限不得超過可分配盈餘的三十五%④。該年度可發放但未發放的股息額度可以保留最多五年。

3. **資產鎖定**（asset lock）

為確保資產用於促進社區利益，除前述配發的股息之外，社區利益公司需保留其資產跟盈餘，並限定使用於成立宗旨的社區利益用途。只允許將資產轉移到其他同樣受到資產鎖定限制的團體，例如慈善機構或其他的社區利益公司。

4. **禁止政治活動**

在和政治無關的活動中，可以與政治人物進行有限度的合作。但社區利益公司禁止推動政府立法或修法；禁止政策倡議也禁止反對政府政策。禁止在金錢或其他方面支持政黨或政治運動團體；也禁止政黨或政治運動團體在金錢或其他方面支持社區利益公司。[6]

根據英國政府社區利益管理辦公室（The Office of the Regulator of Community Interest Companies）公布的資料指出，自二〇〇五年法案正式實施，至二〇一七年三月為止，英國總共有兩萬六百四十三間社區利益公司登記成立，扣除七千五百零九間倒閉或因沒有運作被取消資格的公司，還有一萬三千零五十五間存在，比例約為六成。目前仍以每年超過一千件的申請數目持續成長中[7]。

低利潤有限責任公司（Low Profit Limited Liability Company, L3C），美國佛蒙特州，二〇〇八年

低利潤有限責任公司（縮寫L3C），是一種新型態的有限責任公司。低利潤有限責任公司仍然維持商業公司的登記，需符合美國《國內稅法》（Internal Revenue Code，IRC）第一百七十條第C項關於慈善貢獻（charitable contribution）的規定，成立的主要目的需為公共性、慈善、宗教、教育、科學、文學等，不以獲利為首要經營考量，但並未享有慈善團體在稅務上的優惠。二〇〇八年四月，佛蒙特州率先通過低利潤有限責任公司的立法。至二〇一八年一月為止，全美一共有八個州立法通過，可成立低利潤有限責任公司，登記總數為一千六百二十九間[8]。

---

④原本配發股息上限為二十%，二〇一一年主管機關將其調升為三十五%。

公益公司（Benefit Corporation），美國馬里蘭州，二〇一〇年

公益公司是美國另一種新型態的公司登記分類。二〇一〇年四月由馬里蘭州率先通過公益公司立法。到二〇一七年為止，全美國一共有三十四個州通過立法，還有六個州正在推動當中[9]。公益公司的選項，讓企業創辦人和經營者得以免除一般商業公司「股東利益優先」的限制，改以公益目的和利益相關人的考量為主⑤。在稅務方面則視同一般商業公司。各州對公益公司立法內容雖然有所差異，但大致共通的要點如下[10]：

1. 公共利益：

應創造普遍的公共利益，可註明具體公益內容，例如捐出盈餘的五十%，或是百分之百使用本地原料等等。創造公共利益符合公司的最佳利益。

2. 決策結構：

董事需根據公司最佳利益做出決策。董事和高階管理人員決策時需考量利益相關人，包括對股東、員工、供應商、社區和環境可能造成的影響。

3. **透明度：**

需根據有公信力的第三方標準公布年度效益報告，以界定和評估社會與環境效益，以及公益目的執行成效。該報告需交付給所有股東，以及公開網站（排除內部專業數據）。

在美國，除了前述提到的低利潤有限責任公司，以及公益公司之外，在某些州還另外有著「社會目的公司」（Social Purpose Corporation）這樣的公司類別[11]。社會目的公司和公益公司之間的差別在於，公益公司必須在其所有活動中都致力於滿足其普遍的公共利益；而社會目的公司則是可以僅在部分業務中追求特定的公共利益。舉例而言，如果A公司是公益公司，而B公司是社會目的公司，兩間公司的業務都是製造跟銷售藥品。B公司可以僅在非洲以低價或免費分送瘧疾藥物，然後在其他地區或國家仍舊以獲利考量銷售藥物。而A公司則需要普遍性地評估他們所有的業務，並考量他

⑤股東利益優先原則在過往被認為是商業公司基本假設之一，美國法院歷史上也出現過少數判例確認了這項原則，最早可以追溯到一九一九年道奇兄弟控告福特汽車一案。但近代越來越多法律學者主張股東利益優先只是眾多公司經營理論之一，而反對法院引用這項原則。[12]

們在非洲的計畫對員工、社區和環境等等全面的影響。不能因為要執行某一項方案，而損害到其他的公共利益[13]。

社會企業促進法（Social Enterprise Promotion Act 2007），韓國，二〇〇七

有些國家採取不一樣的社會企業立法途徑，他們不是創立新的社會企業組織類別，而是讓既有的組織，不論營利或非營利，在滿足一定條件下取得社會企業認證。例如韓國於二〇〇七年所通過的《社會企業促進法》，就是由政府來從事社企認證。獲得認證的標準為[14]：

- 正式立案的營利或非營利組織。
- 需僱用員工、從事生產或提供服務。
- 主要需為實現某種社會目的。例如提昇社區民眾生活品質、提供弱勢團體服務或就業機會等等。
- 需將利益相關人納入決策結構。
- 如為商業公司，每年至少需將獲利的三分之二用於成立的社會目的上。

既然取名為「促進法」，在頒布認證標準的同時，該法案也花費一半的篇幅在描述政府部門（主要是就業與勞動部，還有地方政府）可以提供的協助，以扶持社會企業。這些協助包括：

- 提供管理、技術、稅務、商務、會計等方面的專業諮詢。
- 提供社會企業所需的勞動力培訓服務。
- 提供貸款、購買土地或器材的補助，或是協助租用公有土地。
- 政府部門採購時優先考慮社會企業的產品與服務。
- 減少或是免去營業稅或其他的賦稅義務。
- 補助員工的勞工保險職業災害保險的保費
- 補助員工的薪資或是營運費用。

法案中亦規定各州政府需統一訂定每年的七月一日為社會企業日，該週為社會企業週。而各州和地方政府在該期間需舉辦活動以推廣社會企業。

B型企業（B Corporation, B Corp），美國，二〇〇七年

除了由政府認證之外，一些民間組織也自行發展第三方認證機制⑥。在美國最知名的民間社會企業認證就是「B型企業」（B Corporation，簡稱B Corp）。二〇〇六年所成立的B Lab是一間全球性的非營利組織，其宗旨是推廣社會企業，並提供社會企業的認證機制。B Lab在二〇〇七年正式推出的B Corp認證，專門提供給營利事業的社會企業認證。透過一系列的審查，其中包括申請公司的社會和環境績效、可課責性⑦跟透明度等等項目，當申請公司在總分兩百當中拿到超過八十分，即可獲得B Corp認證。

B Corp認證有以下幾點特色[15]：

- 認證有效期限為兩年，兩年後需重新認證。
- 每年B Lab將從已認證的公司中，隨機抽出十%進行重新認證。
- 每年所需繳交的年費視公司的營業額分級。最低為年營業額十五萬美元以下，年費為五百美元；最高為年營業十億美元以上，年費為五萬美元。

取得B Corp認證除了可以對外證明自身為社會企業之外，還有其他好處。例如，和一些商業協會的會員資格相同，取得B Corp認證的企業可以從一些和B Lab簽訂合

作夥伴協議的企業，取得產品或服務的折扣，包括軟體、廣告、出版、電子商務和人才招募等等[16]。至二〇一七年為止，全球超過五十個國家，一百三十種產業中，有兩千四百多個企業取得B Corp認證。

臺灣社會企業發展概況

臺灣社會企業的歷史發展，大致可以分為「非營利組織的商業行為」和「具備社會目的的商業模式」此兩條途徑。以前者而言，學者官有垣回顧了臺灣非營利組織的發展過程。他認為，近年來促使臺灣非營利組織從事商業行為的因素大致有以下幾點：

⑥意指由獨立於產品的製造銷售商和消費者之外的第三方獨立機構，提供專業審查並核發認證，以排除虛假資訊並降低交易的成本。

⑦可課責性（accountability），意指其他人可檢視該組織之行為是否合乎標準，且有權力給予非難或責罰。

1. 因應社會需求

服務弱勢族群的非營利組織，設置庇護職場以滿足其就業、技術訓練、復健和社會接觸等等需求。例如喜憨兒社會福利基金會於一九九七年所成立的喜憨兒烘培屋，以及陽光社會福利基金會所成立，由顏損燒傷者提供服務的洗車中心等等。

2. 尋求財務穩定與自主

非營利組織傳統上的收入主要來自於捐款和政府經費補助。然而，捐款會受到經濟景氣以及重大災害影響有所起伏。而政府補助經費也同樣受到政策和預算編列等影響，並非穩定的收入來源。此外，接受政府經費補助，也往往意謂著受到該項經費運用限制，組織也要承擔相關的行政與執行成本等等。此時，透過推出收費服務，或是販售產品，就成為另一個拓展收入來源的選擇。

3. 社會福利民營化與購買式服務

臺灣政府早在一九八〇年代初期就已經開始推動社會福利民營化政策，透過將社會福利業務外包，委託民間團體經營。其主要目的是節省經費、彌補政府單位人力不足，並且避免造成政府人事擴張。接受委託的社福組織不僅獲得政府經費挹注，也能趁機開拓使用者付費的服務方案。例如長期照護的居家服務、老人日間照顧等方案。

4. 政府政策誘發與經費補助

為因應自二〇〇〇年以來居高不下的失業率，臺灣政府仿效歐洲做法，自二〇〇一年起推出了「永續就業希望工程」、「多元就業開發方案」，希望能由非營利組織接受政府人事經費補助，以拓展地方產業、創造就業機會。而勞委會（現勞動部）也於二〇〇二年制定了〈身心障礙者庇護工場設立及獎助辦法〉，鼓勵社會福利團體設立更多的庇護工場以服務身心障礙者。

5. 企業日漸重視社會責任

隨著社會觀念的改變，企業越來越注重其對外形象及社會責任。此項除了體現在捐款或捐贈企業產品之外，企業也開始體認到它們還可以參與解決社會問題、改善社區生活品質等等。此外，還包括企業和非營利組織結成夥伴關係，使非營利組織在開創商業行為時，能獲得企業在經費上或管理技術上的支援。例如花旗銀行曾在喜憨兒烘培屋運作的初期，給予無息貸款，此外還動員旗下員工擔任志工，協助活動進行。企業的態度改變，也使得非營利組織和企業之間的互動與合作日漸密切，也越容易開展其商業經營部門。

社會企業概念引進臺灣

前述這些非營利組織在發展其商業模式時，儘管其做法符合社會企業的一般性定義，但他們並未特別標榜社會企業「以商業力量解決社會問題」的概念。甚至，庇護工場的設立跟經營，往往還是以收容跟培力（empower）⑧其服務的弱勢族群為目的，賺取收入，增加獲利等想法並非主要考量。此一現象除了是受到非營利組織本身的慈善定位影響之外，「社會企業」這一概念的引進時期更加晚近，亦是原因之一。

前述由臺灣非營利組織開展商業業務的濫觴，大約可從一九九〇年代中後期算起，以一九九七年開設的喜憨兒烘培屋作為指標性事件。而當前我們所探討的社會企業概念，也就是「具備社會目的的商業模式」，則是大約二〇〇〇年之後才開始有學者於學術期刊中開始引介，並逐漸擴散到社會。一些具代表性的事件包括二〇〇六年尤努斯獲得諾貝爾和平獎之後，葛拉敏銀行的故事跟微型貸款的理念開始受到臺灣社會關注。而二〇〇七年由趨勢科技董事長張明正和作家王文華所創辦的若水國際，為臺灣第一間社會企業創投的顧問公司，在媒體報導下，也掀起了社會企業的討論⑨。接下來數年間，臺灣的社會企業開始一一成立，其中包括了二〇〇七年販賣公平貿易咖啡的生態綠；二〇〇八年成立銷售原住民農產品的光原社會企業；二〇〇九年成立，經營提供無障礙接送服務的多扶接送；二〇一〇年臺灣版《大誌》（*The Big Issue*）發行等等。和前述由非營利組織所發展出的商業行為有所不同，這些較晚近發展的社會企業的特色在於他們大部分一開始就是登記成為營利事業，並認為其商業行為本身就在解決特定的社會問題。相較於前者，他們展現出的特質、經營方針、策略以及理念往往更傾向於企業，而不是非營利組織。

產官學界共同推動

而在晚近這波社會企業的潮流中，另外值得關注的是二〇一二年《社企流》成立，為臺灣第一個社會企業資訊匯流平臺。而二〇〇九年成立的社會企業創新創業學會，亦象徵著學界對於社會企業研究的重視。兩者均為臺灣重要的社會企業推手，經常舉辦各種活動以推廣社會企業。此外，二〇一一年成立的活水社企投資開發，則是扮演媒合社會企業創業者跟投資的角色。隨著社會企業在臺灣越來越受到矚目，大專

⑧亦被譯為賦權或充權，意指個人、組織或社區透過學習、參與、合作等過程或機制，獲得掌握自身相關事務的力量。

⑨二〇〇九年，若水國際轉型為以創造雲端內容，並僱用身障工作者的社會企業。

院校陸續成立研究中心，例如輔仁大學、中山大學、中央大學等。輔仁大學、逢甲大學、中山大學、靜宜大學、文化大學、世新大學等各大專院校也一一開設了社會企業的相關學程或學位。

在政府方面，行政院核定了一份「社會企業行動方案」，自二〇一四年九月至二〇一六年十二月為止，三年間投入新臺幣一億六千一百二十萬元，協助發展社會企業[17]。根據二〇一六年十月，經濟部中小企業處的執行成果簡報中指出，在方案推動前，有四十七間公司登記名稱中有社會企業，推動後成長為一百一十一間。此外，經濟部委託民間團體「自律聯盟」成立的社會企業登錄平臺，至二〇一六年十月為止，亦有八十七間社會企業主動登錄其資料[18]。在前述「社會企業行動方案」結束之後，行政院又核定了後續的「社會創新行動方案」。「社會創新行動方案」將社會企業放入社會創新領域當中，並擴大計畫規模，整合了經濟部、勞動部、教育部、文化部、內政部、外交部、科技部、衛生福利部、農業委員會、原住民族委員會等各部會共同推動。此方案預計於二〇一八年至二〇二二年的五年期間，投入新臺幣八十八億元，以鼓勵和發展社會創新。

目前為止，社會企業在臺灣並未有特定的法律身分，社會企業推廣人士目前朝著兩個不互斥的修法方向努力，其中之一為立《公益公司法》專法；另外的方向則是修《公司法》，在《公司法》中加入兼益公司（profit-with-purpose business）專章，給予社企明確的定義和規範。然而在二〇一八年七月六日，立法院三讀通過《公司法》部分修正案，結果並未新增兼益公司專章。但修正了《公司法》第一條的企業定義，在現行條文「本法所稱公司，謂以營利為目的，依照本法組織、登記、成立之社團法人。」後新增「公司經營業務，應遵守法令及商業倫理規範，得採行增進公共利益之行為，以善盡其社會責任。」。此一修法雖無涉具體罰則，但被認為對未來推動社會企業相關立法有所助益。因目前臺灣尚未有民間或官方的社會企業認證系統，因而有部分公司選擇加入前述提及的美國 B Corp 認證⑩。

社會企業於臺灣的發展軌跡，從非營利組織嘗試發展商業項目開始；到近年社會企業概念由國外引進後持續獲得成長。除了「以商業模式解決社會問題」、「既賺錢又做好事」等理念誘人之外，產官學界的合作，以及社企推廣組織的努力，著實功不可沒。

---

⑩二〇一四年，綠然能源成為臺灣第一個加入B Corp 認證的企業，其主要業務是販售LED燈具與提供家用節電設備。

新自由主義的興起

回顧社會企業在歐美的發展歷程，其起源均共同追溯至一九七〇至一九八〇年代。這並非歷史的巧合，而是歐美兩地在該時期共同經歷了一段政治經濟環境的巨大變動。

在經歷了二次世界大戰之後，歐洲各國與美國為了刺激經濟復甦，並且修復因戰火而受損的基礎建設與工業生產，紛紛採用了英國經濟學者凱因斯（John Maynard Keynes）的主張；以舉債或預算赤字的方式，擴大政府支出與公共建設以促進經濟成長、增加就業。其中包括美國政府援助歐洲各國約一百三十億美元的設備、技術和物資的「馬歇爾計畫」（The Marshall Plan）又稱「歐洲復興計畫」（European Recovery Program）。一方面這些政策發揮了一定效果，另一方面，戰後各國百廢待興的狀況也提供了投資和建設的舞臺；在一九五〇至一九六〇年代，全球景氣進入了長達二十年的繁榮期。與此同時，各國在二次大戰期間受到壓制的勞工運動和工會組織開始活躍運作，逐漸取得更多和資方談判的能力，並要求更完善的社會福利。

一方面，為了和緩勞工運動的聲勢，另一方面，也為了在冷戰格局下防堵共產黨在國內獲得發展；美國政府於一九六〇年代起開始推動「大社會方案」，挹注大量預算與資源至社會福利領域。而歐洲各國則是由工黨、社會民主黨、社會黨等傾向社會主義的政黨取得政權，推動多項社會福利政策，此一型態在歷史上被稱之為「福利國家」。因為這些條件和背景，二次戰後經濟蓬勃成長的這二十年，歐美勞工的待遇以及民眾的生活水準也同樣獲得大幅度地提高。這樣的現象在資本主義發展歷史上是相當特殊的一段時期，亦被稱之為「戰後黃金年代」。

到了一九七〇年代，歐美各國開始面臨到經濟停滯加上通貨膨脹的「停滯性通貨膨脹」問題，而過往的凱因斯主義政策無法有效地處理這樣的危機⑪。此時崛起的「新古典經濟學派」，又稱為「供給面經濟學」主張應減少政府支出，提高利率以緊縮貨幣。面對經濟停滯，該學派認為應減少政府干預，透過市場機制刺激經濟；由此衍生出來的政治經濟思想被稱之為「新自由主義」（neo-liberalism）或稱「新保守主義」（neoconservatism）。新自由主義崇尚自由市場，認為市場競爭可以讓整體社會獲得最大利益，並且可以透過「看不見的手」達到最適資源分配，因而主張市場機制可以解決許多社會問題。市場化、商品化、自由化、彈性化、去管制化、公共資產私有化等

⑪造成此一時期停滯性通貨膨脹的原因，不同派別的經濟學家解釋不同。有人主張是戰後二十年下來的生產過剩、有人認為是兩次石油危機的影響、新古典學派則認為是政府過度介入造成市場失靈等等。此部分非本文重點，故不深入探討。

等，是新自由主義的政策主張。同時新自由主義認為應該要由企業，而由非政府擔任經濟成長的火車頭。因此政府的規模應盡量縮小，減少對市場的干預，以達到自由市場的理想狀態。

對於社會福利政策，新自由主義認為社會福利不僅是政府的財政負擔，也讓民眾習慣依賴政府資源，而不願意積極工作。且公部門作為服務提供者，往往缺乏效率。因此應該導入市場機制，讓私人機構來提供服務。此外，國家為支持社會福利的龐大支出而課徵高額賦稅，會減少企業獲利，且讓民間無法將資金用來投資，消磨經濟活力。基於以上想法，新自由主義往往主張刪減社會福利支出，將政府的社福業務外包給企業或非營利組織。或是採用市場化方針，由私人機構提供收費服務，相互競爭。在稅務方面，新自由主義主張應大幅減稅，特別應減少高收入族群以及企業的稅率。如此一來可以增加富人及企業的資金，以及投資獲利的動力。當企業及富人以消費或投資帶動經濟成長時，社會大眾亦將受惠於經濟成長的好處。此種想法又被稱之為「涓滴效應」（trickle-down effect）。然而，涓滴效應只是一個假說，缺乏實證檢驗。相反地，許多研究或報告均指出，實行新自由主義的政策方針，其結果是導致貧富差距不斷擴大，使得貧者越貧、富者越富。

自一九七〇年代起，新自由主義就開始席捲歐美各國，並擴散至世界各地。美國總統雷根，以及英國首相柴契爾夫人就是此一時期採用新自由主義政策的知名政治領袖。雖然新自由主義政策是為了解決當年停滯性通貨膨脹的特殊困境而興起，然而難以評價其做法的成效。亦有學者認為，當時的危機只是暫時性或週期性，經過一段時期即可好轉。無論如何，新自由主義所標榜的市場至上、企業獲利優先的邏輯，並未隨著當年經濟危機的淡化而一同消失，反而留存下來成為了政治經濟政策的長期指導方針，深刻地且深遠地影響了非常多國家的經濟與社會福利政策。甚至可以說，我們當下所面臨到的許多社會議題，包括貧富差距、勞動彈性化、公共領域商品化等等，都還壟罩在新自由主義的陰影之下。

社會企業與新自由主義

在本章前半部分介紹社會企業歷史時我們提過，美國的社會企業興起，來自於政府刪減社會福利支出，迫使非營利組織開發商業模式以賺取收入。而歐洲的社會企業興起，則受到政府改變其社福政策，並且開始將業務外包給民間團體的影響。我們可以發現，歐美新自由主義興起的一九七〇年代，正是社會企業開始發展的時期。社會企業誕生於新自由主義的土壤之中。而社會企業的概念與實踐，也是新自由主義的一部分。

不管是八〇、九〇年代新自由主義推手們所主張的：「以市場方案解決社會問題」；或者是當前社會企業倡導者們的口號：「以商業模式解決社會問題」。他們使用著一致的邏輯，共享著相同的價值觀。彷彿「市場」、「商業」是無所不能的萬靈丹，是所有社會問題的共同解方，所以值得大力推廣。這樣一種對於市場堅定不移的信仰，正是新自由主義思想的特色。

學者伊芙．嘉羅（Eve E. Garrow）和亞海斯卡．哈森費德（Yeheskel Hasenfeld）研究了歐洲和美國工作整合型社會企業⑫的發展歷程，他們認為，社會企業有意地模糊了社會福利和市場的界線，造成社會福利政策市場化、組織商業化，很明顯地內建了新自由主義的邏輯[19]。學者貝絲．庫克（Beth Cook）等人研究澳洲的社會企業運動，指出在澳洲失業率攀升時期，社會企業提倡者將高失業率錯誤地歸咎於社會福利政策，認為過多的社福預算拖垮政府財務。他們公開呼籲政府削減社福預算，並推動社會福利市場化，認為這樣可以有效創造工作機會、增加就業。貝絲一一駁斥了這些說法，並認為社會企業運動的這些主張，明顯來自於新自由主義思想[20]。

在二〇一三年至二〇一五年間，為因應人口結構高齡化之後的照顧問題，臺灣政府推動《長期照顧服務法》以及《長期照顧保險法》的立法。其中，《長期照顧服務法》牽涉到將由誰來提供長照服務？討論的方向大致可以分為以下兩種：傾向公共化，由政府或公共事業擔任服務提供者；或是市場化，由民間團體、營利事業提供照顧服務。以下引用數則當時的媒體報導：

「臺灣許多社會問題，都可靠社企議題串聯！」馮燕說，社企就是用企業手法解決社會問題，利他主義滿足許多現代青年對工作意義與使命的需求。

——〈馮燕：長照＋社企 解決青年失業〉二〇一三年十月二十八日《聯合新聞網》

勞委會職訓局局長林三貴：「長期照顧是臺灣最龐大的內需產業，社會企業是滿足這項需求的最好辦法。」

林三貴坦言，政府財源愈來愈緊，若要改善諸如長照等社會問題，同一份資源，若交給政府運用，恐會造成組織更龐大、所需人力更多，效果卻只有一點；若交給有創意又有能力與使命的社企人士，很可能發揮出幾倍效果。

---

⑫工作整合型社會企業（Work Integration Social Enterprises, WISEs），提供弱勢人口就業機會或職業訓練，使其能整合進入勞動市場或主流社會。

「如果有人能提供服務，解決社會問題，又不用花政府錢，政府何樂而不為？」林三貴說。

——〈林三貴：長照綠地 等待青年耕耘〉二〇一三年十月二十八日《聯合新聞網》

施振榮昨天演講「用王道文化推動社會創新創業」，指出在臺灣現有領域，最該轉為社企的應是教育及醫療產業，「企業精神是以有限資源創造最高價值，若透過企業模式，就能適當調整政府資源，立刻發揮效果。」

——〈施振榮：社企適合教育醫療〉二〇一三年十一月一日《聯合新聞網》

既然社會企業是既賺錢又做好事的企業，那麼讓這些社會企業來提供長照服務，不就是最適合的人選嗎？我們可以看到，透過這樣的論述，社會企業在臺灣長照體系的討論當中，被當作是支持市場化的理由之一。既然是「企業」，那麼當然會需要市場。這樣的方向，對於社會企業的推廣者來說，自然是樂見其成。當然我們能夠理解，對社會企業推廣者跟經營者而言，市場化的長照服務更加符合其利益與期待，但對整體臺灣社會來說，市場化真的是比較好的方向嗎？

我們可以發現，在社會企業「以商業模式解決社會問題」的思維中，市場、商業模式被視為不須討論的預設前提。然而，當他們開始勾勒各種社會企業投入長照市場，既賺錢又做好事的美好願景時，臺灣長照體系應該要走向市場化或是公共化的重要討論似乎直接被跳過了。很有意思的是，當我們在思考長照服務市場化可能的優缺點時，由民間團體或營利事業提供社會服務可能造成的各種問題，對社會企業來說，似乎都不再是問題。社會企業彷彿是我們所能想像，最完美良善的經濟組織。然而，當真如此？

社會企業將道德因素包裝於企業的行為之外，並藉此模糊了公益與私利之間的界線，社會企業究竟是什麼？在當代又扮演了什麼樣的角色？產生了什麼效應？帶著這些疑問，我們將在後續的章節繼續探討它們。

第2章

既賺錢又做好事？營利與公益間的衝突

社會企業將公共利益建立於商業模式基礎之上，不可避免會遇到自身營利和公共利益之間的矛盾。依著社會問題所建立的商業模式，究竟是要解決該社會問題，以滅絕自身的商機；或者只是依附社會問題的存續而營利？

近年來，社會企業在兩岸三地都逐漸獲得矚目。甚至被視為解決社會問題的一道良方。一般來說，社會企業自我標榜不同於慈善團體的最主要差異在於「市場導向」、「商業手段」、「注重獲利」。也就是說社會企業必須透過賺取利潤來生存，或是進一步發展。在這部分，社會企業和一般企業並無二致，這是社會企業的基本原則，同時也造成社會企業的兩大侷限。

首先，社會企業尋求以商業手段解決社會問題，反過來說，對於缺乏獲利空間，或是難以建立商業模式的社會議題，社會企業就無能為力。而這些議題仍舊得由傳統的非營利組織或慈善團體來推動。因此社會企業在應用上的限制甚多。其次，當社會企業順利在某些議題或領域建立可行的商業模式後，又將會吸引更多的競爭者投入，其中可能包括一般企業。在激烈的市場競爭下，該如何確保獲利，或者維持做好事的初衷，也是重要的問題。

企業難，社企更難

創業本就不是件容易的事，創辦社會企業更是如此。如果我們用企業的發展階段來看，在創設企業的「萌芽期」，往往會遇到如何建立商業模式（business model），如何組成團隊，以及如何找到資金與投資人的問題。

根據行政院經濟部中小企業處所出版的《二〇一五年中小企業白皮書》中的數據，二〇一〇年新成立的中小企業，到了二〇一四年，僅剩下約六十九%沒有倒閉。此外，沒有倒閉也未必等同於「成功」。以二〇一三年全臺灣中小企業平均營業淨利僅為二．五十三%來看，這些沒有倒閉，存活下來的新創事業，其中可能大部分仍舊處於虧損苦撐，或是收支勉強打平的尷尬處境，而無力擴張營業規模。

儘管這麼做會有爭議，但如果我們姑且將達到首次公開募股（Initial Public Offerings, IPO）當作評估新創企業是否「成功」的參考指標來看，根據創投基金AppWorks 共同創辦人林之晨所提供的說法，臺灣每年約有十萬間新創企業，其中約五百至六百間會得到創投的支持，最後能成功公開募股的約有四十至七十間。也就是說，在臺灣創業成功的機率是千分之五。而得到創投投資的企業當中，也僅有十%左右可以成功公開募股[1]。因此，創業後能夠賺進大把鈔票，或是持續擴大經營者，只是少數中的少數。

對於社會企業來說，這些問題的難度恐怕又更高了。社會企業不僅僅要提供好的服務與商品，要能夠賺錢，還要能夠滿足其解決社會問題的成立宗旨。臺灣的社會企業創業存活率，目前欠缺可信的數據。但如果說，以營利為主的企業存活率都這麼低落，社會企業的狀況恐怕很難更好。這點往往是社會企業推廣者避而不談的殘酷現實。

而當少數的新創企業證明了其商業模式可行，真的能夠賺錢後，將會迎來企業發展的下一個階段：「成長期」。在成長期遇到的問題除了組織規模增長所帶來的管理問題，以及如何持續開展商業模式挑戰外，也將會迅速地面臨到後來者模仿其商業模式的競爭。

後起的企業競爭者因為免去了前期摸索的風險與成本，得以將資源集中於改善先行者商業模式中的產品或服務，因此會在價格或品質上給予先行者巨大的競爭壓力。而企業先行者並非毫無對抗能力，品牌知名度或是經驗上他們仍舊具備優勢。此外，許多企業會試圖阻止其他競爭者進入市場，或是提高競爭者的進入門檻。那麼，社會企業遇到後進的競爭者時，又會如何因應？

大企業霸凌小社企？

二〇一六年六月三十日，臺灣知名社會企業「多扶接送」創辦人許佐夫與立法委員余宛如共同召開記者會，指控中興保全集團假借投資之名參訪多扶接送，獲知其企業經營手法，事後自行成立子公司與其競爭，甚至直接抄襲多扶的服務條款。余宛如痛批，中興集團此舉嚴重打擊臺灣新創事業以及社會企業的經營與未來。

多扶接送為臺灣首間民營復康巴士公司，創辦人許佐夫有感於政府的公營復康巴士數量少、限制多，且不易預約服務，所以於二〇〇九年起創辦多扶接送，以服務行動不便者、老人、孕婦與幼童的交通需求。多扶接著於二〇一〇年發展「無障礙旅遊」業務，擴大其服務內容。二〇一四年，多扶接送於證券櫃檯買賣中心「創櫃板」，以社會企業分類登錄，並成功以股權募資。

在該場記者會上，多扶接送創辦人許佐夫以及立委余宛如指出，當中興保全集團參訪時，多扶以為對方想要投資，所以就透露過多的企業know-how和未來的計畫等等，以致於被對方「偷學」，進而成立和多扶業務相同的子公司競爭。此外，中興保全集團也嘗試挖角多扶的高階經理人以移植其經營經驗。甚至，還照抄多扶的顧客同意書內容公布於網站，因忘了將「多扶」二字改掉，而被人發現。對於中興保全集團這樣的做法，許佐夫感到不滿，余宛如則認為是「假投資之名，行抄襲之實」、「大企業霸凌小社企」。

余宛如也在其臉書發文呼籲，社會企業應該要透過和投資人洽談時簽署保密協議，或是要求自己的核心成員簽署競業禁止條款，保護自己企業的know-how，以免被輕易「抄襲」而樹立競爭對手。然而，不論是成立子公司競爭、挖角人才、參考先行者的規章制度，這些都是常見的商業手法。其中如有違法，或造成權益受損，當事人可逕行提告求償。但為何如今中興保全對多扶接送這麼做，會被視為一種「霸凌」？

個別企業利益vs.社會公共利益

中興保全發言人朱漢光向媒體表示，全臺灣約有六十四萬失能人口需要接送服務，但目前全臺的接送服務提供者，只能服務到其中的四萬多人，顯示這是個尚未飽和的市場[2]。如果這個數據無誤，也就是說以多扶接送目前的規模，遠遠無法滿足需要接送服務的潛在使用者。那麼，讓更多廠商進入市場，提供類似的服務，不是更能夠滿足這些需求嗎？甚至，順著市場競爭的邏輯來說，企業間適度的競爭可以促進服務品質的改善，也可能降低服務收費。也許以當前狀況而言，多一些廠商進入到民營復康巴士的市場，對服務的使用者，以及對整體社會來說都有好處。這樣看來，主張中興保全集團模仿多扶接送的商業模式，進入民營復康巴士市場與其競爭，是一種「霸凌」的說法確實值得商榷。

我們可以理解，從多扶接送的立場，大企業成為競爭者將會帶來更多壓力與挑戰。同時也不希望自己摸索多年建立的商業模式，被後起者輕易模仿。對於社會企業的推廣者來說，也憂心這樣的情形衝擊到新創的社會企業。然而這些理由，似乎難以合理化對中興保全的控訴。強調「大企業」與「小社企」的對比，也無助於釐清現況。企業規模的大或小，並無法單獨成為價值判斷的基礎。難道多扶接送身為企業，就沒有想要擴張營業規模，沒有想要「變大」的企圖嗎？又或者，大企業想跳進來做社會企業，又有何不可？

對於多扶的企業本位來說，越少競爭者越好；但對於社會大眾來說，則是越多廠商提供服務越好。一般企業往往希望自己能夠壟斷市場以確保獲利，而非開放競爭，所以會想方設法阻礙競爭者出現。例如有的企業使用專利權以保障其核心技術不被模仿，因而確立其競爭優勢，並增加潛在競爭者的進入門檻。一般營利事業這麼做並不意外。然而，對於社會企業來說又如何？

讓我們回到前述社會企業的定義，社會企業採用商業模式，以解決社會問題。也就是說，社會企業應該要致力於解決社會問題。如果某個社會企業建立了一套「既賺錢又做好事」的商業模式後，應該要為了確保自己的獲利而試圖「保護」或「獨占」這套商業模式嗎？例如為商業模式申請專利、投資保密協議、要求員工簽署競業禁止條款等等。但這麼做是否真有助於社會公益？還是說社會企業要盡量推廣這套商業模式，讓越多人使用，以創造更多的公共利益？然而，這樣一來又可能為自己在市場上樹立競爭對手，不利於企業本身的經營與獲利。這樣的衝突與矛盾，以社會企業的運作模式與思維，恐怕難解。

社會企業做好事V.S.一般企業做壞事

社會企業理念的推廣者，經常以「邊賺錢邊做好事」這樣的美好口號以鼓吹社企理念。然而，不管是創業的困難，到商業競爭的殘酷，社企所面臨的難度都遠高於傳統企業。況且，社會企業將公共利益建立於商業模式基礎之上，不可避免會遇到自身營利和公共利益之間的矛盾。所謂「賺錢」與「做好事」之間複雜的糾葛或衝突，亦非簡單口號或理念可以化解。

事實上，以「做好事」將一般企業和社會企業區隔的說法本身就有問題。在這樣的談法中，一般企業仿佛是邪惡的化身，是社會問題的製造者。他們將各種經營成本外部化，透過剝削勞工、汙染環境、迴避法規、欺騙消費者等等，以賺取最大利潤。而社會企業則是社會問題的解決者，是充滿道德感的良善天使。他們主動承擔各種責任與成本，並販售符合倫理守則的服務或商品。這兩者之間的差別似乎取決於經營者個人的品格或情操。所以，一般企業的經營者是壞人，而社會企業主則是好人。所以支持社會企業可以淘汰壞企業。然而，事實當真如此嗎？

回到前述多扶接送的案例，讓我們想像一個情境，假設不只中興保全，還有其他許多的大企業跟新創公司覺得無障礙接送的市場有利可圖，前景可期，因此紛紛投入，提供類似服務與多扶接送競爭。挾著規模經濟或是後來者優勢，他們可以提供更為廉價的服務，甚至還願意背負虧損，補貼消費者車資，大打價格戰以搶占市場。面臨這麼激烈的市場競爭，多扶接送為了生存下去，有沒有可能開始透過壓低勞動成本、降低服務品質以提昇自己的價格競爭力？例如減少工作人員薪資、低報勞健保、加班不給加班費、大量僱用派遣工、降低車輛維護頻率等等。

我並非要影射當前的多扶接送，也不是要批評經營者的人品。相反的是，我們可以透過這樣的討論理解到，所謂的黑心企業並非經營者的個人道德問題，而是整個市場機制競爭下的產物。市場競爭迫使企業必須要想盡辦法獲利，因為企業唯有獲利才能持續生存、發展，甚至吸引投資。前述提到各種轉嫁成本的不道德或違法的做法，正是能有效降低成本、創造獲利的經營策略。因此只要市場競爭存在，類似的情況就會不斷發生，不可能訴諸經營者自律來杜絕。一般企業如此，標榜採用商業手法、參與市場經濟的社會企業當然也不可能自外於這樣的競爭法則。

因此，如果真的要有效處理或解決「黑心企業」的問題，或是要認為某些產品的標準或做法更值得推廣，那麼推動相關制度的改變，似乎是更為合理的做法。舉例而言，臺灣社會近年來發生包括塑化劑、黑心食用油等等重大食品安全議題。那麼，推動更嚴格的修法，以及執行更確實的管制措施更能夠改善普遍的食品安全問題；還是創辦一間標榜自己使用各種無毒安心原料的食品公司，更有可能達到目標？而後者，究竟真的是食品安全的問題解方，還是更像是一種產品市場區隔的操作？

古巴的有機農業

以有機農業為例，許多社會企業都以販售有機農產品作為其主打商品。相較於傳統使用化學肥料與農藥的農產品，及充滿添加物的工業化生產食品，有機食品的健康訴求確實打動了許多消費者。然而，由個別商家在市場上販售有機食品，對於改善臺灣整體的食品安全，究竟有多少幫助？這樣的途徑真的是改善臺灣食品安全問題的解決之道嗎？

古巴是目前世界上有機農業與都市農業發展最好，最為普及的國家。自一九五九年古巴革命成功後，標榜社會主義的古巴政府推動了農業的國有化及現代化，發展了使用化肥、農藥以及農業機械的大型農場，大量種植經濟作物出口，其中以蔗糖為大宗。因為美國在一九六一年後對古巴實施經濟封鎖，因此古巴最主要的貿易對象為蘇聯及東歐的共產陣營國家。光是蘇聯一國，就占了古巴出口貿易量的七十%以上。若加上東歐的共產陣營，更高達八十五%。同時，古巴也得以由蘇聯進口低價的石油以維持其現代化農業所需。在這個時期，古巴民眾攝取的卡路里中有五十七%蛋白質，以及八十%的脂肪仰賴進口。直到一九九一年蘇聯解體之後，古巴的對外貿易量大跌；總進口量減少了七十五%，石油進口量大減五十三%。其中化學肥料跟農藥的進口量更大減了八十%。[3] 當時古巴政府面臨嚴酷的考驗，不僅經濟遭受嚴重打擊，如何確保國內的糧食供應更成了當務之急。

古巴政府意識到原本那套大規模種植經濟作物的工業化農業，在缺乏石油的狀況下，已經完全行不通了。他們透過和學者專家的通力合作，開啟了古巴農業的轉型之路。古巴的農業轉型最主要有兩點，發展都市農業以及有機農業。在都市農業方面，古巴政府釋出了大量的國有地開放讓民眾申請耕作，並改變了原本由國家經營的集體農場，鼓勵民眾自行組成農業合作社，在都市內及都市周邊，小規模、多樣性地種植蔬菜、水果及糧食作物。一方面利用了閒置土地，另一方面讓全民都可以參與農業生產，以增加糧食產量。更重要的是，都市農業大幅減少了農產品的運輸和倉儲環節，省下成本的同時，也降低了石化燃料和電力的消耗。在有機農業方面，古巴的農業專家和農民們努力開發出各種取代化學肥料跟農藥的種植方法。科學化的管理土壤、改善土質，採用堆肥、生物病蟲害防治等等。更大量養牛，以耕牛來取代農業機械。

在官方、學界以及全民的努力下，在數年之間，古巴的農業轉型就取得了傲人的成果。在危機發生時，古巴全國的農業生產量降到了原本的六十三％，而到了一九九六年，就已經回升到九十五％。[4]目前為止，超過三十八萬座都市農場，總占地約五萬公頃，供應了首都哈瓦那和其他城市七十％以上的蔬菜消費。自一九八八年至二〇〇七年為止，古巴全國蔬菜的產量增加了一百四十五％，而農業化學物質的使用量減少了七十二％；豆類產量增加了三百五十一％，農業化學物質的使用量減少了五十五%；根和塊莖類農產品產量增加了一百四十五%，而農化物質用量則減少了八十五%。[5]古巴成為了使用有機生態農法的典範國度，也揭示了由工業化農業生產轉型的可能性。

從古巴的經驗，我們可以發現，古巴的有機生態農業的轉型，雖然有著石油短缺的外在因素，但最主要的原因仍舊在於政府強力的政策推動與執行。如果要提昇整體的食品安全，最重要的是強化相關法規跟監控制度，而非由個別企業販售良心商品即可有效改善。那麼，有機農產是否也應當如是？如果我們認為減少農業化學物質的使用，是攸關環境生態與食品安全的重要議題，那麼試著推動制度的變更，例如設立更嚴格的化學物質使用標準跟門檻，或是針對農業化學物質課徵特別稅，以提昇其使用成本等等，是否會是更為廣泛有效的做法。

這是當代消費者運動的一個盲點，也是社會企業的論述方式之一。當消費主義和消費者運動結合後，他們宣稱人們只要透過消費更好的、更有道德的商品，就可以透過消費來改變世界。然而，實際上的運作卻並非如此。沒錯，當消費者的需求改變，廠商確實會迎合這樣的需求而生產相應的商品。然而，這往往只會形成市場區隔，讓不同的廠商提供不同的商品，以滿足不同的消費者需求。

當然，我們不會說消費者意識的改變，或是消費行為的改變，對於問題沒有任何幫助。但是消費者的意見，最終還是要透過集體的行動與倡議，改變制度以規範市場上的商業行為。說得更極端一些，如果當真只要透過消費就能夠改變世界，那麼我們是否可以放棄所有監管食品安全的標準跟法規，透過廠商自律以及消費者的明智選擇就能夠確保食品安全？答案很明顯是否定的，不可能僅依靠市場運作就能確保食品安全。社會企業透過將社會問題的解方導向成鼓勵民眾消費自身所販售的產品。將購買商品和許多進步價值畫上等號，支持小農、友善環境、幫助弱勢、照顧勞工等等。然而對於這樣的消費該如何真正地解決社會問題卻缺乏明確的分析，彷彿只要讓自己的業務蒸蒸日上，搶占越多的市場份額，賣出越多的商品，社會問題就能夠迎刃而解。

是解決問題，還是靠問題營利？

進一步分析，在許多時候，消費跟解決問題其實是兩回事，甚至經常相互衝突。社會企業的工作方法往往是針對特定社會問題建立商業模式（business model），簡單來說就是提供能夠持續銷售的服務或產品。我們常說，非營利組織存在的目的是消滅自身。意思就是，非營利組織是為了解決特定社會問題而存在，當這個社會問題被徹底地、有效地解決之後，這個非營利組織就不需要再存在了。反過來問，社會企業有辦法建立一套消滅自身的商業模式嗎？可持續的商業模式難道不正是意味著該社會問題也持續存在嗎？那麼，依著社會問題所建立的商業模式，究竟是要解決該社會問題，以滅絕自身的商機；或者只是依附社會問題的存續而營利？以營利為前提的設計，真的能夠解決問題嗎？

舉例來說，發展中國家的用水清潔一直是全球公共衛生的重要議題。而許多新創事業、社會企業均以在當地販售個人或家庭用淨水設備為其營運模式，並宣稱這樣是在解決發展中國家清潔用水的問題。事實上，有許多方式可以用較低的成本建立社區的公共淨水系統。又或者，試著改善源水的水質、尋找更為安全穩定的水源，都是更為有效改善社區公共衛生條件的做法。然而，這些似乎不在這些社會企業「解決用水問題」的考量之中。甚至，我們可以想像，如果建立了更為便宜有效的社區公共給水系統，對個人或家庭淨水器的市場需求想必會大幅減少。那麼販售這類商品，是解決清潔用水問題，抑或只是將商業模式建立在問題之上，藉著問題而營利？相關爭議，我們在後續的章節會有更多的案例分析和探討。

私有化還是公共化？

除此之外，社會企業所提供的產品或服務，在填補了公共服務不足之外，卻也可能同時限縮了我們對於問題解決的思考。舉例而言，我們前面所提到的案例，因為政府所提供的復康巴士服務的質量均不足，無法滿足民眾的需求，而民營復康巴士的服務補上了這個缺口，也因此被認為是一種社會企業。

然而透過商業組織補足公共服務的不足，不是唯一的選擇。擴大與改善公共服務也是另一種可能。透過社會企業的角度來看，民眾的需求就是潛在的商機，是發展商業模式的契機。但如果我們沒有經過審慎評估思考，就預設要透過商業組織，透過市場機制提供公共服務，這就是前一章所提及的新自由主義意識形態。這種思維更進一步，就是要求現有由政府提供的公共服務，「私有化」或「市場化」。在過往，這樣的主張往往是以民營企業比政府組織更有效率為名，如今更可以加上這是讓社會企業又賺錢又做好事的雙贏策略。

事實上，這樣的趨勢一直存在。以臺灣的社會福利制度來說，自一九九〇年代起至今，政府就不斷地將各種社會福利業務委由民間團體辦理經營。在臺灣常見的做法包括了補助、公設民營、委外辦理等。以委外辦理為例，政府將特定的社會服務項目對外招標，成為出錢購買社會服務的買方。而社福團體則在得標之後，拿政府支付的錢僱用員工，向大眾提供該項社會服務。政府推動社福民營化的原因，不外乎是為了控制成本、增加效率等。民間團體往往被認為比公務部門來得更加靈活有彈性，更適合擔任社會服務的提供者。同時也透過公開招標等方式引入市場機制，讓民間團體之間相互競爭，以提昇服務的品質和效率。然而，這樣的社會福利民營化政策，造成了許多惡果。

首先，讓政府由社會福利服務的提供者，轉變為服務的採購者，因此得以將壓力和責任轉嫁到提供服務的民間團體及社工身上。其次，民間團體的社工平均薪資僅約三萬兩千元，而公職社工的薪資則介於四萬三千元至六萬四千元之間。[6]但兩者之間工作內容相差不大。第三，將社會福利服務的工作，改由政府出資，民間團體相互競標，進一步造成社工勞動條件被持續壓低的情形。事實上，減少政府的人事成本支出，壓低社工的勞動條件，讓一個人能當兩個人用，就是所謂民營化高效率的真相。

如果我們只考量到政府如何盡量用最少的預算，執行更多的工作，我們當然會得出社福民營化是更有效率的做法。然而相應的代價是社工勞動條件持續惡化、高工時、低薪資、服務品質不穩定等等，這些潛藏的社會成本，往往會被忽略不計。但如果我們要全面性地評估社福民營化政策優劣，就必須將這些社會成本一併納入。這麼一來，社福民營化或許就不是一個值得大力推動的政策方向。

然而，這些承接政府方案的民間團體，難道不是在「做好事」嗎？而一些願意提供公共服務的商業組織、社會企業，難道不是在邊賺錢邊做好事嗎？回到第一章最後，如果我們將社會企業的興起與發展，放到新自由主義的歷史脈絡下理解，我們對於社會企業在公共服務的私有化、市場化的辯論中會扮演什麼角色，也就不那麼意外。我們應該要認真檢視，「邊賺錢邊做好事」這樣一句簡單的口號，其背後的各種預設以及意識形態。也應該要嚴肅質疑，社會企業所代表的這套「問題解決」的思維和方法，是否真的能有效解決問題？是否值得我們大力推廣？我們恐怕需要從更大的架構來分析，究竟什麼叫做「做好事」。

第3章

為什麼社會企業不能拯救世界

社會企業的「社會」指的是什麼？而「企業」這樣的組織型態又如何能做到社企所宣稱的好事？這些問題如果不一一釐清，我們無從得知社會企業在各種華美詞藻的包裝裡，究竟包含著怎樣的內涵。

二〇〇八年一月二十四日，在瑞士滑雪渡假聖地達沃斯舉辦了一年一度的世界經濟論壇，上千名全球重要的商業、政治和社會領袖齊聚一堂，討論全球所面臨的迫切問題。微軟公司及比爾與梅琳蓋茲基金會創辦人——比爾．蓋茲以〈資本主義的新方法〉為題，發表了一場演說。在該場演說中，他肯定了世界正在變得越來越美好，但不是所有人都享受到經濟全球化的好處，全球貧富不均的現象持續存在。他認為，當前迫切需要一場制度變革，透過表揚企業，或提供誘因，讓資本主義不只能服務富人，也能照顧到窮人。比爾．蓋茲說：

我們所面臨的挑戰是要設計出一種新制度，提供包含獲利和表揚的市場誘因，以驅動改變。我把這種新制度稱為「創造性資本主義」，這種方法是由政府、企業和非營利組織共同努力以延伸市場力量的觸角，使更多公司能夠賺錢或獲得表揚，並改善世界不均的現象。[1]

不管是比爾．蓋茲當年所提出的「創造性資本主義」；還是更早期有人主張的「慈善資本主義」；或者「民主資本主義」、「自覺的資本主義」以及其他加上各種正面形容詞的資本主義，其內涵大致類似。在承認資本主義造成負面影響的同時，努力地想要改造資本主義，讓資本主義能夠多做些好事。比爾．蓋茲不是第一人，也恐怕不會是最後一人。本書所探討的社會企業概念，就是其中一員。事實上，自西元二〇〇〇年開始，世界經濟論壇就與施瓦布社會企業家基金會（Schwab Foundation for Social Entrepreneurship）合作①，推選社會企業家參與世界經濟論壇議程，或是在會議中向各界領袖報告其推動的社會企業方案，以獲取支持跟資助。

世界經濟論壇一向被視為是全球政商菁英一年一度的高峰會議，也因此在大會召開期間，往往也聚集了大批民間團體成員及社運人士，為著各種不同的社會議題向與會的菁英們表達抗議。很有意思，但也很諷刺的是：二〇〇八年當比爾．蓋茲正在大談如何運用「創造性資本主義」以改善全球貧富不均問題時，瑞士首都伯恩（Bern）約有五百至一千名抗議群眾同時高舉著「反對世界經濟論壇！」（Fight WEF!）、「正義，而非利潤最大化」（Justice instead of profit maximization）等標語遊行示威。而警方則回以鎮暴水柱、催淚瓦斯和橡皮子彈。根據媒體報導，瑞士警方在一天之內就逮捕了兩百四十二人。甚至打斷抗議團體的記者會，當場拘捕其發言人。[2] 而宣稱要改變世界、解決社會問題的社會企業家們，當時正在會場裡周旋於衣著光鮮筆挺的政商領

①經濟學家克勞斯．施瓦布（Klaus Schwab）在二〇〇〇年創辦了施瓦布基金會。同時，他也在一九七一年創辦了歐洲管理論壇，為世界經濟論壇的前身。

袖之間，推銷他們偉大的、創新的、變革社會的社企方案。

低利潤有限責任公司（L3C）的夢想與現實

第一章介紹社會企業定義和種類時，我們提到過低利潤有限責任公司（Profit Limited Liability Company, L3C）。低利潤有限責任公司是符合美國《國內稅法》（Internal Revenue Code, IRC）第一百七十條第C項關於慈善貢獻（Charitable Contribution）的規定，成立的主要目的需為公共性、慈善、宗教、教育、科學、文學等，不以獲利為首要經營考量的商業公司，並未享有慈善團體在稅務上的優惠。那麼，除了強調自己不以獲利為主的「低利潤」經營方式，究竟低利潤有限責任公司和一般企業的差別為何？

根據一手催生伊利諾州低利潤有限責任公司立法的馬可・連恩（Marc J. Lane）的說法，創造低利潤有限責任公司最主要目的是為了能接受基金會的「計畫相關投資」（Program-Related Investments, PRIs）[3]。根據美國的稅法規定，基金會需要每年將其資產的五%用於慈善目的，以維持其免稅的資格。這筆五%的資金就被稱為「計畫相關投資」。而計畫相關投資需要滿足的條件又有以下三點：

1. 投資的主要目的必須符合基金會成立的慈善宗旨之一。
2. 投資的主要目的不能是創造收入或是增加資產。
3. 投資目的不能涉及政治或是政策遊說。

傳統上，基金會的計畫相關投資主要都是用於各種慈善方案或是補助相關的非營利組織。低利潤公司的出現，使得大型基金會的錢又多了一個選擇。他們可以將錢投資於低利潤公司，既能夠滿足計畫相關投資的規定，又可以從這項投資中獲利，或是收取股息。事實上，美國大型基金會每年都有龐大的計畫相關投資金額。舉例而言，根據《富比士》（*Forbes*）雜誌報導，比爾．蓋茲基金會（Gates Foundation）每年的計畫相關投資金額就高達一億美元[4]。如此看來，低利潤有限責任公司將成為大型基金會「既賺錢又做好事」的選擇之一。然而，這麼做真的帶來了好的影響嗎？

《如何打造社會企業：以人為本的新商機，幸福經濟帶來大收益》（*The Art of Social Enterprise: Business as if People Mattered*）一書的作者卡爾．弗蘭克爾（Carl Frankel）跟艾倫．布隆伯格（Allen Bromberger）在書中批評低利潤有限責任公司。他們指出[5]：

實務上極少有低利潤有限責任公司會去做和慈善方案相關的投資，大部分都是經營類似一般有限責任公司的業務，藉此籌募資金，只是他們利用低利潤有限責任公司當成「品牌」，在市場上與其他公司做出區隔。

也就是說，大部分的低利潤有限責任公司其實是掛羊頭賣狗肉，並非真的從事慈善相關的方案，而只是使用這個名義以接受大型基金會的計畫相關投資。此外，正因為低利潤有限責任公司並未享有非營利組織的免稅資格，所以亦不像非營利組織需要受到美國政府的監督與查核，而僅需於成立宗旨中說明公司的慈善目的，宣稱公司不以獲利為主要經營考量。然而這些都不過是一些文字遊戲。慈善目的如何達成？什麼叫做可以獲利但又不以獲利為主要考量？同時，沒有任何的標準，也沒有任何內部跟外部監督機制以確保一間低利潤有限責任公司確實依照其宗旨運作。

此外，推動伊利諾州低利潤有限責任公司立法的馬可・連恩，曾經列舉出十餘種他認為適合由低利潤有限責任公司從事的營業類型[6]，其中包括社區發展協會、提供就業機會給弱勢族群的公司、藝文團體、私立學校、幼托機構、職業訓練中心、提供低利貸款給弱勢族群的公司、文史保護團體、非營利組織諮詢顧問公司、診所等等。如上所述，他所提到的這些機構，確實都能對社會有所貢獻。然而，這些機構存在的歷史遠遠早於低利潤有限責任公司。事實上，人們本來就可以透過成立一般的營利企業或者是非營利組織來從事這些工作。除了要接收基金會投資之外，似乎沒有什麼一定得成立低利潤有限責任公司的必要性。北卡羅萊納州州議會在二〇一〇年時通過低利潤有限責任公司的立法，然而卻又在二〇一四年時投票廢除了該法案。州議會所主張的理由之一，就是低利潤有限責任公司的登記身分並沒有非得存在的必要，因為一般商業登記的公司就可以做一樣的事情[7]。

這樣看來。不難想像為何會有批評低利潤有限責任公司只是一種用來區隔市場的品牌，以及一個便於從基金會吸金的身分。這也解釋了低利潤有限責任公司在各州的立法腳步受阻的現象。自二〇〇八年四月，佛蒙特州率先通過低利潤有限責任公司立法之後，直到二〇一二年七月為止，約四年期間，在美國一共有九個州陸續通過低利潤公司立法。然而，從那時起至二〇一八年一月，不僅沒有新的州通過立法，北卡羅萊納州還廢除了低利潤有限責任公司的法案②。

做為社會企業的其中一種型態，低利潤有限責任公司所呈現的問題，同時也是社會企業所面臨的普遍問題。到底什麼叫做不以營利為目的的營利事業？社會企業的「社會」究竟指的是什麼意思？而「企業」這樣的組織型態又如何能做到社企所宣稱

---

②當然，B-corp認證的發展，還有二〇一〇年起興起的公益公司（Benefit Corporation）一定程度上取代了低利潤有限責任公司對於社企經營者的必要性。

的好事？而這些好事只能透過社會企業來做嗎？這些問題如果不一一釐清，我們無從得知社會企業在各種華美詞藻的包裝裡，究竟包含著怎樣的內涵。

社會企業的「社會」究竟是什麼？

事實上，絕大部分社會企業所從事的工作，在既有的商業組織或非營利組織中都可以實行。然而，對社會企業的推廣者來說，往往都還是致力於推動社會企業立法。其原因除了想要藉此推廣社會企業之外，也期待透過法條明文定義社會企業，以解決社會企業定義曖昧不清的情形。

然而，即便透過法條定義，界限模糊的問題也還是存在。通常法律定義的社會企業主要包含兩個重點。第一是需為公益或慈善目的，第二是不以營利為主要目的。我們先來討論第二點，如何讓營利的社會企業卻又不以營利為主要目的？法律上常見的做法是限制盈餘的分配比例，例如以第一章介紹過的英國社區利益公司來說，就被規定每年可以發放給股東的股息不能超過該年度可分配盈餘的三十五％。這樣設計背後的想法是認為公司將盈餘發放給股東，就是為股東賺錢的營利行為。限制了能夠發放給股東的額度，就相對地削減了公司的營利傾向。而未發放的盈餘，公司除了保留之外，亦可能將其投資於設備或增聘人力、擴大營業規模、甚至回饋到客戶身上。

然而，不發放股息就不是營利，這樣的想法未免過於簡化了經濟行為。事實上，絕大多數的新創公司在創業的前幾年，因為公司處於關鍵的成長期（大部分在創業初期都是燒錢），就算能夠有盈餘，他們也都不會選擇發放股利，而是將資金拿來繼續擴張事業體。股東願意投資的理由往往不是為了盈餘分配的股利，而是著眼於未來股價上漲後轉售的收益，或是被大企業高價併購的獲利。以全球最大網路零售業者之一的亞馬遜公司（Amazon.com Inc）來說，亞馬遜二〇一七年的營業額高達一千七百七十八．六億美元，但自一九九七年股票上市後，至今二十年來從未發放過股利，而是選擇將盈餘保留或是再投資。如果以發放股息作為衡量社會企業的標準，亞馬遜或許也可以聲稱因為他們不為股東營利，所以也是社會企業。

而社會企業需以公益或慈善為目的的規定，也往往淪為作文比賽。究竟什麼是公益性？舉例來說，一個媒合大學生志工輔導小學生課業的組織，我們可能會覺得具有公益性。所以一個收費媒合課業輔導的組織或網站，可以自我宣稱是社會企業。然而，安親班或補習班不也是在輔導小學生課業？他們就沒有公益性？就不算是社會企業嗎？如果覺得安親班或是補習班是社會企業這樣的說法難以想像，那麼我們換個說法，將他們稱之為「以商業模式解決國小學童學習障礙，激發學童學習動力，增加其創造力，改善其學業表現的專業組織。」這樣看起來是不是比較社會企業了一些？

企業所提供的商品或服務都會對應到社會上特定的需求，企業在市場上販售這些商品或服務滿足這些需求，並且賺取利潤。這是企業在社會上扮演的角色，也是企業所發揮的社會功能。而社會企業的話術其實就是將企業的社會功能，反過來說成是企業的貢獻。同時將滿足消費需求等同於解決社會問題。例如，我們可以說在某個城鎮開便利商店，是創造在地就業機會、活絡地方經濟、解決社區民眾無法二十四小時購買飲食、生活用品的問題。也可以說快遞公司是採用創新模式，提供遠比傳統郵寄更為迅速且可靠的貨物運送服務，解決了民眾或商家寄送或接收貨品不便的問題。開整形診所是要解決民眾深受外貌所苦的問題，透過手術及療程的培力，讓人們可以重獲自信、有能力改變自己的形象與人生。

透過社會企業的話術，我們幾乎可以將任何一個營利事業形容成社會企業。這是社會企業的誘人之處、也是社會企業不能說的祕密，更是社會企業一詞中，「社會」涵意之所在。關於這類社會企業話術的應用，我們在後續的章節會有更多探討。

社會企業的「企業」又是什麼？

儘管我們在第一章提到過，對於一些學者來說，廣義的社會企業通常包括了營利及非營利組織，也涵蓋了合作社等不同的組織型態。社會企業推廣者在介紹社會企業時，也會提到社會企業組織型態的多樣性。然而實際上，社會企業最普遍、最為被推崇，一般預設的組織型態就是企業。然而，企業這種組織型態又有哪些特點？

不民主，轉嫁成本

企業內部信奉的決策邏輯是「一元一票」，而非「一人一票」。越富有、持有越多股份的人，就越有影響力。簡單來說，一個持股五十一％的大股東和一群加起來持股四十九％的一萬名小股東相比，這一名大股東可以完全主導公司的政策，而無需一萬名小股東的同意。更別提公司員工③、產品的消費者、上下游供應商以及廠房周邊社區民眾等等，儘管這些人直接受到企業的政策影響，但都無法參與企業決策過程。企業內部不民主，也造成企業決策往往傾向有利大股東，不利小股東。此外，因為員工不在決策圈，對於影響勞動條件的各種公司政策，甚至裁員、減薪等等的措施，如

③根據《國營事業管理法》，國營事業在政府所持股份所獲得的董事席次中，至少五分之一要由工會推派代表擔任。此為勞工董事，讓勞工代表能在董事會中參與公司決策。工會普遍認為勞工董事是好的政策，但工會代表數目仍舊不足。目前這個政策僅在國營事業中實施。

果沒有工會抗衡，幾乎都只能夠被動地接受。

關注全球貧富差距的組織「現在就要全球正義」（Global Justice Now）在二〇一六年所提出的一份報告指出，二〇一五年全球前一百大經濟體中，企業所占的數目從前一年的六十三個，成長到六十九個。前九大經濟體分別為美國、中國、德國、日本、法國、英國、義大利、巴西和加拿大，而量販業巨頭沃爾瑪（Walmart）則是第十大經濟體。中國電力公司排名十四；荷蘭皇家殼牌跟埃克森美孚兩間石油公司分別排名十八跟二十一；大眾汽車和豐田汽車排名二十二跟二十三；蘋果電腦則排名二十六。全球前十大公司資產總和為兩百八十五兆美元，甚至高於全球經濟體排名後一百八十國總和的兩百八十兆美元。這一百八十國包括了南非、哥倫比亞、印尼、愛爾蘭、以色列、希臘和越南等國。[8]大型的跨國企業在當前的世界中，真正達到了富可敵國的程度，他們的企業政策、方針還有經營模式等等，都對人類社會產生巨大影響。如果說經濟與政治同樣是我們社會運作的重要基礎，而企業對於人民生活、對於公共領域的影響又如此巨大，為什麼政治領域需要民主制度，而經濟領域則否？事實上，在人類歷史中，絕大部分的時期，政治領域都被認為是少數人的特權，一般民眾毫無置喙餘地。直到近兩三百年，政治民主的概念才逐漸發展成為普遍共識。這麼看來，經濟領域的民主可以是我們下一個追求的目標。

在第二章我們曾談過，企業經常透過將成本外部化轉嫁出去，以增加自己的獲利，或是確保價格競爭力。試想，如果一個企業的董事會組成囊括了相當比例的利害關係人，包括消費者代表、工會代表、社區代表、相關非營利組織代表等等。那麼這個企業在從事商業行為時，就會更多地考量到這些關係人的利益，而無法輕易地將成本轉嫁出去。在相當程度上，我們可以減少企業「做壞事」的頻率。因為董事會成員有消費者代表，所以企業會比較重視食品安全；因為有工會代表，所以企業不會輕易地削減勞動條件；因為有社區居民代表，所以企業對於汙染排放管控會更嚴格。因為有相關領域非營利組織代表，所以企業會更用心地履行自己的社會責任，例如確保自己的產品符合更嚴格的環境或人權標準。

不透明，難以監督

企業經常傾向將其內部資訊視為商業機密，在臺灣過往的案例中，曾經發生過某高科技企業，因擔心競爭對手得知他們產品的製程跟技術，因而拒絕公開其工業廢水所含的詳細化學成分，使得政府難以評估並監督其廢水排放對環境的汙染程度。而中油、臺塑、臺電等企業，過往也多次向社會隱瞞其設備故障，或是廠區意外等事故。此外，只有上市上櫃公司因為要公開募資，才會公布其財務報告或是召開法人說明會。對於獨資企業或是家族企業來說，並沒有公開內部資訊的動機或需求。企業內部缺乏民主，由少數高層掌握決策大權的同時，企業內部資訊往往也不夠透明，使得外界難以監督。

➤ ➤ ➤

社會企業的推廣者或主事者，幾乎毫不保留地接受並擁抱企業這種組織型態，無視因企業內部不民主、對外不透明所造成的各種問題。其核心思想，仍舊是認為企業是相較於非營利組織及政府機構外，更為有效率的商業組織。一些社會企業的推廣者會批評慈善團體「依賴捐款」，而社會企業則是能「建立可持續的商業模式」、「財務獨立」。事實上，企業更有效率這類的說法一直以來遭到不少學者提出質疑。簡單地說，企業所謂的效率意指用最少的資源、金錢，賺取最多的利潤。一方面，如前面所提，企業經常將生產成本外部化轉嫁出去，以降低自己的成本。如果將所有成本如實計算，企業未必真那麼有效率。另一方面，擅長營利，不等於擅長解決社會問題，因為兩者之間要求的能力、使用的邏輯並不一致。就像田徑好手不等於一定也是體操高手。

至於社會企業的商業模式是否比慈善團體收受捐款更為「獨立」跟「持續」？如果說慈善團體「依賴捐款」，那麼宣稱要以商業手段解決社會問題的社會企業，難道不是「依賴市場」嗎？市場的價格波動、競爭激烈、消費者的喜好變動等等因素下，

「依賴市場」就一定比「依賴捐款」更為穩定、更持久、更獨立嗎？在前面的章節中我們曾經提到，臺灣目前新成立的中小企業，四年後的倒閉率約為三分之一。而社會企業的存活率，則因各國對社會企業政策和環境不同而異，難以概括而論。例如一份針對英國社會企業的研究指出，英國社企的存活率略高於一般企業[9]。而另外一份墨西哥的研究則指出，高達三十八・三％的墨西哥社會企業存活不到一年，而八十三・五％的社會企業會在三年內倒閉[10]。④

此外，在當代非營利組織研究的領域中，許多學者主張，非營利組織如果能盡量發展多元的收入來源，可以有效穩定財務狀況、分散風險，減少受到單一因素的干擾。也因此，當前的慈善團體其收入除了捐款之外，往往也包括接受政府補助、販售商品或服務等等不同的來源。我們可以發現，依賴市場（採用商業模式）並不必然讓社會企業比慈善組織更加可靠、穩定且獨立。市場有商機也有風險，世上沒有穩賺不賠的生意。這樣的說法只是為了推廣社會企業而使用的話術。既然社會企業不假思索地擁抱和採用了既有的企業組織、商業模式、資本市場等等機制和邏輯。那麼社會企

④事實上要評估社會企業的存活率一直不太容易。除了社會企業本身定義模糊之外，社會企業主事者往往也比單純的營利事業更願意承受虧損，而不會輕易選擇倒閉。

業也毫不意外地承襲了它們所帶來的各種問題。

臺灣農夫的勞資爭議

二〇一三年一月六日，新聞網站《ETtoday東森新聞雲》刊登了一篇標題為〈年輕人，你可以選擇拒絕：關於我在臺灣農夫的18K日子〉的文章，作者署名為張讀行。張讀行在文章中指控社會企業「臺灣農夫」透過勞委會（現勞動部前身）的「多元就業開發方案」僱用自己，而自己每月薪資僅為新臺幣一萬八千七百四十元，且雖有勞工保險、健康保險；但沒有提撥勞工退休金，也沒有就業保險。他認為，資方一開始並未清楚說明多元就業開發方案的內容和限制，使得實際工作狀況和自己的期待落差甚大。此外，臺灣農夫提供給自己的勞動條件十分惡劣，加上資方並未善待勞工，使得臺灣農夫的年輕員工流動率極高。而在和資方討論勞動條件以及工作續約的過程中，他體會到勞資雙方之間的權力不對等，並對自己所接觸到社會企業的現實層面感到失望且憤怒，因而寫下此文，呼籲年輕人勇於爭取自己的勞動權益。[11]

二〇〇八年，返鄉青年王順瑜成立了「日月潭農產運銷合作社」，並開創「臺灣農夫」品牌，協助社員銷售農產品。二〇一一年曾獲勞委會頒發「最佳社會經濟發展」單位「金旭獎」，為臺灣知名的社會企業[12]。在張讀行此文刊出後約一週，《ETtoday東森新聞雲》於原文網頁上更新了日月潭農產運銷合作社總經理王順瑜的公開回應。王順瑜指出，事前已經跟張讀行說明是透過多元就業開發方案僱用。雖然約定薪資是新臺幣一萬八千七百六十元⑤，但臺灣農夫給的**薪水換算月薪**都超過新臺幣兩萬元，且**享有勞健保**等多元就業開發方案福利。臺灣農夫給的福利均高於多元就業開發方案。王順瑜強調，張讀行文中所描述的狀況，以及離職員工說法，都是片面之詞，臺灣農夫這邊握有證據。（黑體字為本文作者所加）

此一事件，恐怕是臺灣當前這波社會企業潮流中，第一起浮上檯面的勞資爭議。雖然此事沒有後續發展，且雙方最後並未對簿公堂，以至於我們無從判定雙方說法的真偽。但雙方爭議的內容，仍舊提供了豐富的資訊讓我們得以一窺臺灣農夫這間社會企業的運作面貌。

首先，雙方都同意的部分是臺灣農夫申請了當時勞委會的多元就業開發方案。多元就業開發方案用最簡單的方法說，就是政府幫忙出人事費。臺灣農夫是以合作社登記立案，符合多元就業開發方案中的民間團體定義，而張讀行則是以多元就業開發方

⑤根據多元就業開發方案，進用人員所受的薪資補助為時薪計算，張讀行和王順瑜對薪資的數字說法雖有所出入，但僅誤差二十至四十元，應為每月工時計算的誤差。

案的程序僱用。以當時的方案內容，勞委會每個月補助臺灣農夫每小時新臺幣一百零二元至一百二十五元以支付張讀行的薪資，另外也補助勞保、健保費。如以相當於每月全職工作的工時一百七十六小時計算，勞委會每月補助張讀行薪資的額度大約介於新臺幣一萬七千九百五十二元至兩萬兩千元之間。可以推估，張讀行每月所領的薪資一萬八千七百四十元，應該幾乎全部來自於勞委會的補助，臺灣農夫不用出錢，或者是僅負擔極小的比例。

根據張讀行文中所說，且臺灣農夫並未否認的是，他另外還有兩位同事也是透過多元就業方案僱用。而在文中所提到的專案經理，其身分在多元就業開發方案當中也有每月新臺幣兩萬九千七百元至三萬四千元的薪資補助（視受僱者學歷而定）。除了用人費用之外，還可以另外申請其他費用，額度為用人費用的五％。而多元就業開發計畫是逐年審查核定，同一計畫最長得連續補助三年。也就是說，假設張讀行、他的同事A、B兩人，以及之前參加多元就業方案的員工都領一樣多的薪水。臺灣農夫一年靠多元就業開發方案補助聘僱四位員工，其中一位為專案經理。帳面上臺灣農夫一年可能需支付新臺幣一百萬元以上的人事費用，但實際上這筆支出幾乎都靠勞委會的補助支應，臺灣農夫自身並不需要負擔多少成本。

所以社會企業也收受政府補助嗎？社會企業的推廣者往往強調社會企業的商業模式更為可靠、獨立、優越，但他們往往沒有提起的是，許多社會企業都接受過政府的補助，甚至沒有補助就無法生存。根據英國社會企業組織（Social Enterprise UK）所出版的《二〇一五年英國社會企業現況報告》中指出，超過三分之一的現存英國社會企業接受政府補助，而有超過四分之一的比例接受了政府以外的單位補助。知名非營利組織社會企業家學院（School of Social Entrepreneurs）的執行長阿拉斯塔爾・威爾森（Alastair Wilson）就認為，所有社會企業都能夠發展可持續商業模式的想法不過是一個神話。[13]

我們對社會企業商業模式的美好想像經常來自於對企業的誤解。實際上，不僅社會企業如此，企業本身經常也直接間接地接受各種政府資源。例如租稅優惠、水電優惠、投資抵減、技術轉移等等。教育部於二〇〇九年至二〇一一年所推出的「大專畢業生至企業職場實習方案」⑥，鼓勵企業採用此方案僱用年輕的大專畢業生，政府給予企業經費補貼。此一方案在三年間總支出經費為一百二十六億元，相當於直接補貼了全臺灣企業一百多億元的人事成本[14]。因此，將企業或社會企業描繪成完全不需要，不使用政府資源，完全獨立地從市場賺錢的說法，並不貼合現實。

回到臺灣農夫的案例，臺灣農夫創辦人王順瑜在公開回應中強調張讀行的「薪水

⑥第一年實際補助四萬一千四百七十人，每人每月新臺幣兩萬兩千元薪資補助。因此被稱為22K方案。勞工團體批評，教育部此一做法為企業帶來示範效果，實質上拉低年輕人的起薪。

換算月薪」都超過新臺幣兩萬元，且「享有勞健保」等多元就業開發方案福利；以及臺灣農夫給的福利高於多元就業開發方案。但不管怎麼說，勞委會都補貼了張讀行人事費用中的絕大部分（甚至可能是全部）。在知道多元就業方案是怎麼回事的人眼中，王順瑜的回應並沒有為臺灣農夫加分，反而揭露了他身為資方的真實想法。此外，為受僱勞工投保勞健保是資方的義務和責任，而非員工的「福利」。至於「薪水換算月薪」高於兩萬元的談法也是資方常見的話術。很可能是因為張讀行的每月工時少於一百六十八小時的全職工時，所以才會說將其時薪「換算」成月薪會高於兩萬元。而張讀行每月實領薪資新臺幣一萬八千七百四十元，僅略高於當年的法定基本工資，甚至還低於同時期大專畢業生至企業實習方案的22K標準。即便是在平均薪資較低的南投縣，這樣的薪資恐怕也不怎麼優渥。以至於張讀行文中表示，他的朋友知道自己的低薪之後，不禁好奇地問：「你的公司不是社會企業嗎？」

在這起臺灣農夫的勞資爭議事件中，資方的回應相當典型。不管是避重就輕；暗指勞工表現不佳；又或者是模糊焦點，或是將（政府幾乎全額補助的）勞工薪資當作對勞方的施恩；以及將勞健保當作是「福利」的心態，都和一般勞資爭議中，資方的言行如出一轍。不得不讓人懷疑，號稱要改變社會、要做好事的社會企業，在承襲了企業本身的組織型態之外，是否也繼承了臺灣資方常見的觀點與心態。究竟這只是臺灣農夫的個案，還是社會企業的普遍現象？

第4章

《大誌》：幫助街友的一份雜誌？

否認雇傭關係，沒有基本工資保障、沒有勞健保、還得自付罰單……《大誌》是一間提供了街友賺取收入機會的社會企業，還是藉批貨之名掩蓋雇傭關係之實的惡劣資方？

《大誌》（*The Big Issue*）為一九九一年起在英國倫敦創刊的雜誌，雜誌內容涵蓋時事、社會議題和藝文資訊。其特色在於，透過街友（或稱遊民、無住屋者）於街頭販售，賺取收入，以改善生活。二〇〇九年，由李取中所創辦的大智文創志業有限公司取得英國《大誌》授權，並於二〇一〇年四月一日正式創刊發行臺灣版《大誌》。臺灣《大誌》標榜以社會企業模式，讓有意願工作的街友或社會弱勢者販售雜誌，獲得自營生計的機會，重建信心與尊嚴，進而重新取回生活的主導權。[1]

How We Work

TBI的存在，提供給無家可歸者和短期安置的人們，讓他們有機會透過銷售雜誌給一般公眾來獲取合法的收入。我們相信的是，在於提供"把手舉起來，而不是把手伸出來"。你將會看到穿著制服、配戴識別證的販賣者在捷運站外手持雜誌銷售，他們是一群經過徵選及訓練輔導的遊民或弱勢族群，衡量自己的財務狀況及銷售能力，於出刊時用現金批貨，批貨成本約是標價的一半，販售所得全數歸自己所有。TBI目前已經幫助超過2500個無家可歸和短期安置的人們。在英國，TBI雜誌每週有超過67萬以上的讀者。

The Big Issue Taiwan

大智文創於2009年底取得 The Big Issue Taiwan 授權發行，並於2010年四月一日正式創刊。我們期望，這本在英國發行已有二十年的刊物，能同樣成功的以社會企業的模式在台灣推行；我們更期望，讓所有有意願工作的街友或社會弱勢的人們，能夠得到一個自營生計的機會，讓他們能夠藉由雜誌的販售，重建個人的信心與尊嚴，進而重新取回生活的主導權。

The Big Issue 創辦人 John Bird

臺灣大誌網頁聲明

此為臺灣《大誌》官方網站中「關於The Big Issue Taiwan」頁面內容，截取於2018.10（http://www.bigissue.tw/about）

臺灣《大誌》，受年輕世代歡迎的社會企業

臺灣《大誌》目前為月刊形式，其運作方式是由大智文創甄選並培訓街友成為正式銷售員。新加入的銷售員可以獲得十本免費的《大誌》，之後向大智文創以一本新臺幣五十元批發價購買《大誌》，再以新臺幣一百元的定價轉賣給民眾，進貨價與定價的五十元價差就是銷售員的收入。在草創初期，《大誌》僅在臺北市各捷運站安排販售點，隨著業務與規模成長，如今販售點分布於新北市、基隆市、桃園市、新竹市、臺中市、雲林市、嘉義縣市、臺南市、高雄市、屏東市等縣市。除了在捷運站、火車站等乘客出入地點外，也包括了一些百貨公司、商圈等購物人潮較多之處。此外《大誌》本身設定的主要讀者是二十至三十五歲的年輕世代，因此也在一些大專院校附近設置販售點。銷售員銷售時須身著《大誌》的識別證、印有《大誌》商標的橘色背心、帽子以及側背包。為了避免紛爭，每位銷售員均被分配到一個特定販售點，不可自行變更販售地點或者侵占到其他販售員的販售點。每個販售點均有特定的販售時間，銷售員需在規定的販售時間至販售點販賣《大誌》，此外也禁止在販賣《大誌》時同時賣其他商品。[1]

一篇二〇一六年專訪《大誌》創辦人兼總編輯李取中的報導中指出，當時《大誌》約有一百名銷售員，平均每月銷售量為三萬至四萬本[2]。根據《大誌》工作人員於二

〇一六年受訪時表示，「每位販售員平均收入約一萬五千元，臺北市、臺南市的銷售員，最高甚至月收入可達五萬。」[3]在過去針對街友收入的研究中，有工作收入的街友，平均月收入大約介於新臺幣八千至四千元間[4]。也就是說，販賣《大誌》的收入對街友來說，可能是相對優渥的選擇。《大誌》在招募到有意願擔任販售員的街友後，會為他們安排培訓。培訓內容包括規則說明、銷售技巧和模擬演練等等。培訓結束後會安排實習銷售，實習通過之後即可成為正式的銷售員。根據二〇一一年的研究顯示，在該年度通過培訓成為正式銷售員的街友人數約一百二十位，最後能穩定參與販售的街友約五十位，也就是說大約六成的人在一年內會退出《大誌》的販售工作。研究者推測，排除個人因素，雜誌銷售狀況不佳應為退出銷售工作的主要原因之一。[5]然而，如果說販賣《大誌》的平均收入高於其他打工收入不少，為什麼會有不少街友因為銷售狀況不佳而退出？

事實上，《大誌》銷售員的收入高低之間落差極大；雖然月收入平均一萬五千元，但既然有人達到月收入五萬元，就表示很可能有更多人不到一萬元。收入不均的原因主要來自於兩點，首先是販售地點問題。在一篇二〇一一年發表的研究中，訪談了數名《大誌》的銷售員，其中有人反應其他銷售員違規侵犯到自己販售點。[6]以《大誌》設點的臺北各捷運站而言[7]，根據臺北捷運公司公布的旅運量統計，二〇一七年一月，捷運西門站的總進出站人次為四百五十六・七萬，而捷運小南門站是四十四・一萬人次，僅為西門站的十分之一[8]。越多的人流，往往也代表越高的銷售額。此外，西門站的行人多為學生及年輕族群，此一特點也有利於《大誌》銷售。所以我們不難理解，為何西門、公館等販售點一直以來在《大誌》銷售排行榜中名列前茅，而有些站點的銷售量長期低迷，顯然販售點的行人流量跟性質相當程度地決定了該地點《大誌》的銷售量。每個人都希望自己被分配在更好的地點，但是銷售員不被允許自行更換販售點，因此才有衍生出侵犯其他銷售員地盤的爭議事件。這種在起跑點上的不公平，恐怕是造成《大誌》銷售員收入差距的主要原因之一。

除了販售地點造成收入不均外，銷售員本身的能力跟條件也是重要因素。從街頭販賣的工作性質，我們可以推想這份工作要求較多口語表達能力、溝通技巧、外向積極的態度、以及適當的服裝儀容等等。《大誌》在培訓銷售員時，往往強調的也是這些「業務員特質」。因此，能夠適應街頭販賣工作，能夠賺取較高收入的街友，這些特質往往較為突出，能夠和購買者良好互動。反過來說，那些較不具備業務員特質的街友，就不易透過販售《大誌》賺取足夠的收入，而最終可能選擇退出。②

①因各國《大誌》的經營型態不盡相同，除非特別註明，否則本章所指稱之《大誌》均為臺灣《大誌》。

所以，當我們看到《大誌》銷售員平均月收入一萬五千元的數字時，我們得理解到，首先，收入分布曲線不會是常態分布，考量到一些熱門地點的銷售員可以月入三至五萬元，所以合理推估一萬元上下是最多銷售員存在的收入區間。其次，如果販售《大誌》的收入低於其他打工收入，街友很可能就會選擇其他打工機會，放棄販售《大誌》。舉例來說，如果一間公司將業績低於一定門檻的業務員全都開除，那麼這間公司業務員的平均業績跟平均收入都會高於該產業的平均。但這恐怕不能直接解讀為該公司的業務員業績都特別好，收入都特別高。所以我們在解讀《大誌》銷售員收入時，得考慮到他們是在販賣《大誌》這套競爭規則下的存活者，甚至獲勝者，而淘汰者則不列入統計。

表批發、實雇傭？

在勞動法實務中，會從以下幾點特徵判斷雇傭關係，「人格從屬性」、「經濟從屬性」以及「組織從屬性」。人格從屬性指的是，勞工在工作時服從雇主權威，聽從其指揮監督，接受獎懲，以及遵守雇主所訂定的包括工時、場所等勞動規則。經濟從屬性則是指，由雇主提供場地、設備及相關材料，而勞工則為雇主勞動以換取薪資。組織從屬性指的是勞工被納入公司的生產體系中，並與同事分工合作[9]。那麼，問題來了，《大誌》的銷售員跟《大誌》，也就是大智文創公司之間的關係是什麼③？

根據臺灣《大誌》創辦人李取中接受採訪時的說法，臺灣《大誌》採用批發，而非聘用或拆成的方式和街友合作[10]。也就是說，他認為銷售員只是單純向《大誌》批貨來賣，賺取價差，如同商品批發商和零售商的關係。然而，如果彼此之間只是批貨的關係，《大誌》對於銷售員就應該沒有任何指揮監督的權限。就像是水果零售商向批發商買了十斤香蕉，這十斤香蕉要怎麼賣？批發商不會，也沒有插手干涉的餘地。然而《大誌》的銷售員則不然，《大誌》對銷售員有著各種強制的工作規則，包括販賣的時段、地點、穿著、價格、方式等等。如果違反規則，還可能遭受懲處，失去販售《大誌》的資格。這些做法都顯示《大誌》行使了身為雇主的指揮監督權。

儘管《大誌》可能會主張銷售員並非領取薪資，而是賺取售價差額，因此雙方並非雇傭關係。但根據最高法院八十一年臺上字第三四七號判決中表示：「又基於保護

---

② 《大誌》銷售員沒有退出門檻，隨時可以退出。退出時尚未銷售完畢的雜誌可由雜誌社以一本五十元原價購回。平常未售出的過期雜誌不可退，但可和雜誌社交換當期雜誌繼續販售。[11]

③ 《大誌》是雜誌，大智文創是發行《大誌》的公司，為方便讀者閱讀，本章中提到大智文創時多以《大誌》代稱。

勞工之立場，一般就勞動契約關係之成立，均從寬認定，只要有部分從屬性，即應成立。」在過往的勞資爭議的案例中也多次確認了這個原則，雙方是否為雇傭關係不是由資方單方面認定，得透過檢視實際的互動內容而定。也就是說，只要確認《大誌》確實對銷售員行使了身為雇主的指揮監督權，那麼法院很可能會判定雙方實質上是雇傭關係，而非《大誌》對外宣稱的批發零售關係。

如果說，《大誌》的銷售員是被僱用的勞工，那麼他們的勞動條件應該要符合《勞基法》的規範，包括基本工資、勞工保險、健康保險和提撥勞工退休金。但很明顯的是，《大誌》並沒有盡到上述的雇主責任，因為他們宣稱《大誌》和銷售員之間不是雇傭關係。依照《大誌》公布在官網上的平均販售時間計算工時，以目前基本工資時薪新臺幣一百四十元估算，這一百位銷售員的每月平均薪資應為新臺幣一萬六千八百元。再加上雇主須負擔的勞健保、勞退雇主提撥等等，如果《大誌》正式僱用這些銷售員，每個月所花費的人事費用平均每一位大約是兩萬元。相較於目前銷售員的平均收入一萬五千元，《大誌》每個月將再多支出五十萬元。[4]反過來說，這也是大智文創藉由這種「表批發、實雇傭」的管理模式，可以省下的人事成本。那麼大誌究竟是在「幫助」街友，還是在「剝削」街友呢？大誌是一間提供了街友賺取收入機會的社會企業，還是藉由批貨之名掩蓋雇傭關係之實的惡劣資方？

沒有雇傭關係，沒有基本工資保障、沒有勞健保等影響是巨大的。如同我們前面所提，銷售員的收入完全來自於賣出的雜誌數量，而賣出的雜誌數量卻又取決於許多因素，以至於並非人人都能靠賣《大誌》維生，這就是為什麼基本工資重要的緣故。基本工資保障了勞工付出勞務之後，能夠獲得最低限度的生活保障。然而《大誌》創辦人李取中卻在受訪時表示，如果採用聘僱的方式可能無法逐漸降低銷售員對外界的依賴度，同時也不能透過自食其力的過程去建立起自己的自信心[12]。為什麼李取中認為有穩定薪資的雇傭關係會增加依賴？過往許多研究均指出，對街友來說，一份穩定的收入是改善生活的重要起點。也許李取中認為，街友如果領薪水但不認真賣雜誌，就會造成《大誌》虧損。因此與其給薪資，不如讓他們「批貨販售」。銷售員如果不努力賣雜誌，不努力幫雜誌社賺錢，就不會有足夠的收入維生。至於那些被淘汰掉，賺不到錢、沒有辦法成功建立自信的街友，也只能夠選擇離開，畢竟《大誌》不是慈善事業。這樣的做法目的是確保《大誌》的獲利，而非以保障街友生存為首要考量，

④根據《大誌》官網「販售場所」頁面所得出的銷售員平均工時約為每週三十小時，但這樣的估算並不精確，因為銷售員實際上有可能遲到早退，也可能早到晚退。此外，一些銷售員每日工時超過八小時的加班費，以及假日工資都沒有計入，甚至有部分銷售員的工時超過《勞基法》所規定的上限。所以一個月會增加五十萬元人事成本的數字恐怕還是低估。

但卻能透過話術包裝成是要讓街友能夠「自食其力」。

歷年來在臺灣討論基本工資的時候，總會有資方團體代表主張廢除基本工資，回歸市場機制。其對外說法大多是增加效率、或是刺激勞工競爭成長等等，但打的算盤不外乎就是要透過廢除基本工資以省下更多的人事成本。我們可以發現，李取中的想法不僅和資方團體如出一轍，他更以實際行動迴避了雇傭關係，取消了銷售員本應受法律保障的勞動條件。

➤ ➤ ➤

二〇一八年六月，據媒體報導，一名在街頭販售養樂多的曾姓「養樂多媽媽」，在騎機車送貨途中發生車禍，因為養樂多公司沒有為其投保勞保，所以無法申請勞保的職災給付。「養樂多媽媽」為養樂多公司飲料的街頭銷售員，因多為中年婦女而獲得此一通稱。曾姓婦女向媒體投訴，車禍發生過後，養樂多公司僅在主管探視時贈送一盒水果表示慰問。養樂多臺南分公司則說明，「養樂多媽媽」是承攬關係、並非雇傭關係，所以公司不需要為其投保勞保。曾姓婦女則認為，自己使用的機車跟冷藏設施都是公司所配發，公司也規定了各自的服務區域，平常也需要填寫報表回報，自己怎會不是公司僱用的員工？她表示，將會近一步向勞政單位投訴[13]。

我們可以發現，養樂多媽媽和《大誌》銷售員的處境類似，公司均宣稱彼此之間並非雇傭關係，以至於工作過程中所發生的各種意外以及風險，均只能由勞工自行承擔。所以如果當《大誌》銷售員在街頭販賣時遭逢意外受傷，甚至不幸死亡時。因為《大誌》沒有為銷售員投保勞保，所以該名銷售員無法獲得勞保的職災補償或死亡給付。除此之外，在臺灣，街頭販賣商品的行為因為違反〈道路交通管理處罰條例〉第八十二條第一項第十款「未經許可在道路擺設攤位」的規定，警方可以逕行驅離，或者對行為人或其雇主處新臺幣一千兩百元以上、兩千四百元以下的罰鍰。然而因為《大誌》拒絕承認和銷售員的雇傭關係，以至於所有的罰單都只能由銷售員自己吸收。在一些銷售員所開設的部落格日記或臉書頁面中，都能看到他們寫下自己被警方取締或是開罰的經驗[14]。所以《大誌》銷售員在工作時得小心翼翼地躲避警察取締，和警察大玩捉迷藏。當不幸被警察捉到開立罰單後，又要面臨數日辛苦販售的所得化為烏有的後果。

《大誌》在官方網站上公開了全臺灣的販售點跟販售時間，並要求銷售員必須在公布的販售時間內，穿著公司要求的制服，待在公司指定的販售點等候讀者前來購買雜誌。然而當銷售員因為執行《大誌》上述工作要求而接到罰單後，《大誌》卻可以理直氣壯地說這些人不是《大誌》的員工，所以他們收到的罰單不關《大誌》的事，這樣說法無疑地有些荒謬。

誰幫助誰？

幾年前，我曾經在一個大學的課堂上，針對社會企業主題發表演講。教室中坐了近百位關心社會議題的大學生和研究生。當時現場調查，聽過《大誌》的人占了總人數一半以上，曾經購買過《大誌》的人約有二十多名。如此高的比例，顯見這群年輕學子正是《大誌》鎖定的核心讀者。在曾經購買過《大誌》的人當中，大部分人未來都願意繼續購買《大誌》。然而，當我追問如果今天《大誌》跟街友沒有關係，不是透過街友販售，而是和其他雜誌一樣在便利商店上架販賣，還願意購買《大誌》的人有多少？原本將近二十隻舉起的手紛紛放下，只剩下一兩隻手孤單地持續高舉，可見《大誌》的銷售高度仰賴街友作為招牌和通路。那麼，問題又來了，究竟是街友需要《大誌》，還是《大誌》需要街友？

平心而論，賣《大誌》當然是街友的收入來源之一，如果販賣的地點熱門，自己又能適應良好，確實可能賺到足以維生的報酬。（不過勞健保得自己想辦法）。根據行政院衛生福利部所公布的資料，二〇一六年底，全臺灣遊民人數為八千九百八十四人[15]。而《大誌》目前的銷售員大約百位，僅占了全臺街友人數約一・一％。如果今天沒有《大誌》，確實會有一小部分街友少了主要收入來源，得依靠打零工或派報社等其他收入支持，生活得更辛苦。但如果今天《大誌》不再依靠街友販售，少了街友的活招牌，沒有了「幫助街友」、「社會企業」等光環，從前面課堂上的簡單調查結果來看，《大誌》的銷售量恐怕將一瀉千里，甚至可能面臨倒閉危機。這樣的效應，與其說街友需要《大誌》，不如說更像是《大誌》不能沒有街友。

然而，從創辦人、員工、媒體、學者還有社會企業推廣者，所有的說法都在告訴我們，《大誌》這類的社會企業在幫助街友，給弱勢群體工作機會。但我們反過來想，這份工作的勞動條件惡劣：收入微薄（大部分人月入一萬元上下）、不穩定、沒有勞健保、風吹日晒雨淋、要躲警察、偶而還得自己付罰單。一般勞工其實不太會願意接受這樣的工作。而看準了弱勢族群沒有太多選擇和議價的能力，提供低於合理標準的勞動條件，省下了大把人事成本，賺進鈔票與美名，這麼做就算是「幫助弱勢」的社會企業嗎？客觀地說，經濟活動本就是互相依存的關係，雇主需要勞工提供勞務以生產商品或服務；勞工需要透過出賣勞力賺取收入。而將企業僱用勞工的行為片面描述成資方對員工的恩惠與幫助，這是資方的觀點，也是絕大部分社會企業所闡述的角度。

如果我們同意這樣的說法，那麼市面上僱用中高齡二度就業婦女的清潔外包公司，也算是社會企業了。即便我們知道，清潔公司僱用大量中高齡勞動者而不是剛畢業的社會新鮮人，只是因為他們更可能會接受這種低薪、高工時、繁瑣以及沒有升遷機會的工作崗位。而由郭台銘所創辦的富士康公司，年營業額超過一千三百億美元，在中國僱用了上百萬名勞工，裡面少說也有數十萬名貧窮農村出身的青年工人。富士康以相對優渥的薪資，慷慨地提供了中國農村青年大量的就業機會，讓他們可以透過工作改善生活、向上流動。富士康對於中國農村青年的幫助遠超過各種機構與組織，我們怎能不承認富士康是全球最大的「社會企業」呢？而郭台銘不僅僅是臺灣首富，更應該是臺灣的首席社會企業家。

甚至我們還應該要為全臺各大小派報社平反，早在《大誌》開始「幫助」街友之前，派報社就已經不斷地提供各種領日薪或論件計酬的工作機會給街友。日薪工作酬勞視景氣而定，一天收入介於新臺幣六百至一千元之間，對許多街友來說可能比起賣雜誌更加穩定。不管是送報、發傳單或是路邊舉牌，幾十年累積下來，派報社所幫助的街友或弱勢勞工多不勝數，社會企業的頭銜，派報社可說是當之無愧。順著這個邏輯，我們可以繼續無限制的推導下去，直到所有曾經僱用或給付報酬給弱勢群體的公司，全部都變成社會企業為止。

➤➤➤

這就是我們在看待一個組織「僱用弱勢群體」的時候，不能不去分析其動機、提供的勞動條件、組織所付出的成本及努力等等面向的原因，否則我們難以區分這個組織究竟是「幫助弱勢」，還是「利用弱勢」。如果社會企業真的想要幫助弱勢，而不是像一般營利企業一樣用惡劣的勞動條件僱用弱勢，那麼勢必要投入額外的資源與成本，例如更完善的職業訓練與支援體系、更好的勞動條件等等。但這麼一來，就又會和社會企業的營利目的相互牴觸。社會企業家學院的執行長阿拉斯塔爾・威爾森也坦承，一個真的想要幫助弱勢或是改善問題的組織，勢必得比一般企業付出額外的成本和資源，或者其服務的對象本身經濟狀況就不佳，以至這些組織大部分都難以靠商業模式獲利[16]。簡言之，如果真的想做好事，就很難賺到錢。

殺出紅海，臺灣《大誌》的成功策略

因網路及數位媒體的崛起，臺灣雜誌出版產業近年來遭受嚴重衝擊，發行的雜誌種類與發行量均大幅縮水。根據文化部公布的《一〇五年臺灣出版產業調查報告》內容，他們於二〇一四年調查了一百八十間雜誌出版業者，總共有三百一十四份定期出刊的雜誌。而二〇一六年調查了七十間雜誌出版業者，僅有八十七份定期出刊的雜誌。在發行量部分，二〇一四年受訪業者的統計數據顯示，平均每份定期出刊雜誌的發行量為兩萬七千一百份。到了二〇一六年，受訪業者的統計數據則顯示，定期出刊雜誌的平均發行量大減至一萬零四百二十七份。跌幅高達六成。雖然兩次調查的母數不同，但仍可看出整體產業劇烈衰退的程度[17]。

然而創刊於二〇一〇年的臺灣《大誌》，在雜誌出版產業正值嚴酷寒冬的時候加入市場，卻反而逆風高飛，交出了一張漂亮的成績單。臺灣《大誌》創辦人李取中在二〇一二年接受訪談時曾表示，臺灣《大誌》在正式發行一年半之後即達到收支平衡，這個進度比起各國《大誌》要來得快[18]。甚至在二〇一六年時，臺灣《大誌》每期銷售量就已經成長到三至四萬本[19]，顯示當時《大誌》每一期的發行量最少都在四萬本以上，約為當年臺灣定期出刊雜誌平均發行量的四倍。相較於其餘雜誌出版同業的表現，《大誌》在出刊短短幾年內取得的成就驚人，顯見其商業模式必定有獨到之處。我們大致可以歸為以下幾點：

放棄傳統通路，改走直接銷售

臺灣《大誌》自從面市以來，就強調《大誌》主要透過自行招募培訓的銷售員販售，而不走一般雜誌在便利商店、書店上架的傳統通路。⑤雜誌如果要在便利商店上架販售，每一期都要先付一筆數十萬元不等的上架費，此外每一本雜誌售出，都還要再跟便利商店通路拆帳，各分店過期未售完的雜誌也需由雜誌社全數收回。因此對於雜誌出版社來說，並不期待在便利商店上架能夠賺多少錢。走便利商店通路最主要的目的在於提升曝光度、衝高發行量，並以此為籌碼爭取更多的廣告刊登、增加廣告收入。然而，在平面媒體逐漸式微的當前，平面媒體所能分到的廣告份額逐年下滑，雜誌的廣告收入也大幅縮水。相較之下，《大誌》的主要收入為雜誌銷售，廣告僅占《大誌》收入約兩成，有效地避開了仰賴廣告收入的風險[20]。此外，銷售員預先和《大誌》購買雜誌是當場使用現金支付，而如果透過便利商店通路，往往要等到下一期，通路結算完成過後才會一次支付雜誌販售所得。因此不走便利商店通路，不僅能省下大筆上架費，每個月能立即收到的大量現金，更增加了公司資金調度的靈活與彈性。

表批發、實雇傭，成本外部化

一般來說，自創通路往往意味著高風險，以及大量的前期投資。此時前面分析過銷售員疑似「表批發，實雇傭」的管理模式，不僅為《大誌》省下大量本應支付的人

⑤僅創刊初期曾經在便利商店上架，但短暫嘗試過後就迅速取消。

事成本，減少了財務上的壓力。因為不須支付銷售員薪資及勞健保等，也能大幅降低《大誌》在拓展新的銷售點時的擴張風險。《大誌》可以迅速地擴張其販售地點和銷售員數目，而無須擔心人事成本飆漲。除此之外，不同於一般商品展店的情形，《大誌》的販售點都是公共場所的路邊、騎樓、人行道或是捷運站口，不需要支付任何的場地費、租金或是水電網路費。也正是因為《大誌》設立新銷售點幾乎不增加其固定成本⑥，所以《大誌》可以盡情地將販售點設置於人潮商機匯集之處。雖然侵占公共空間營利是違法行為，但又因為《大誌》將所有違法的成本（罰單），全部都轉嫁給銷售員自行承擔。因此我們可以說，《大誌》所採用的商業模式透過在公共場所違法販售雜誌，然後將違法成本外部化，得以增加獲利。

社企光環，媒體幫抬轎

《大誌》身為臺灣知名社會企業，以幫助街友為賣點，自創刊以來，各媒體的報導絡繹不絕。媒體報導帶來的大量曝光，幫《大誌》打出了知名度，省下了鉅額的廣告費用，這是一般雜誌所難以享有的待遇。此外，銷售員穿著《大誌》的背心在街頭兜售，沒有拿薪資，也沒有另外收取費用，相當於免費幫《大誌》當舉牌工。以一般派報社路口舉牌工一天六百元至一千元的收入來看，全臺一百多位現身於人潮密集處的《大誌》

銷售員，不僅替《大誌》創造了極高的廣告效益，也為大誌省下不少行銷成本。

熱情志工，填補人力需求

自從創刊以來，《大誌》就積極地培訓各種志工，其中包括在街頭和銷售員一起販賣雜誌並發送宣傳單的活動志工[21]；在各大專院校辦活動推廣《大誌》的校園推廣志工[22]；以及在《大誌》各發行站服務的發行站志工[23]。我們可以看到，各種類型志工的參與和投入，可說是對《大誌》貢獻良多。然而《大誌》作為一個營利事業，使用志工這件事本身存在爭議。特別是工作站志工得排班到場，還要負責銷售員補貨等常態性庶務，更像是以志工頂替了原本應該支付薪資的工作崗位。但在《大誌》社會企業、幫助街友的名義底下，似乎沒有人覺得這種做法有問題。大量地運用志工，使得《大誌》能夠以極低的成本辦理各種宣傳活動，維持發行站運作，這是一般雜誌出版商沒有辦法作到的事情。

---

⑥當然，《大誌》需要設立各區域的發行站以便管理一定範圍內的銷售點，並便於讓銷售員補貨。但這方面的成本支出，恐怕還是遠少於《大誌》商業模式在擴增銷售點和銷售員方面能省下的費用。

綜上所述，我們認識到《大誌》發展出一套非常成功的商業模式，極大化地利用了社會企業的光環，以及讓街友成為銷售員所能帶來的各種優勢。以致於《大誌》能在短短數年之內就逆勢成長到如今的規模。然而我們也可以看到，《大誌》的競爭優勢同時也建立在未經許可擺攤、疑似「表批發，實雇傭」、成本與風險外部化、免費志工人力等等有違法之虞，或是倫理層面有爭議的做法之上。如果因為正式僱用街友，繳納罰單，合理租用場地、請兼職人員管理發行站，就會因此虧損，甚至無法持續經營。這樣的商業模式難道不是打從一開始就不應該存在嗎？

如同一般的未上市企業，臺灣《大誌》沒有公開其財務報表，所以我們無從得知從二〇一二年收支平衡至今，臺灣《大誌》在銷售量持續成長下，創造了多少收益，而這些收益又如何被分配使用。《大誌》商業模式的核心是街友及弱勢族群擔任的銷售員。因為有這群銷售員，《大誌》才能享有社會企業名號所帶來的各種名聲及好處，並將其轉化為自己商業競爭上的優勢。然而，臺灣《大誌》所作的卻僅僅只是「提供打工機會」給街友，並未投資更多資源在他們身上，甚至不願意承認彼此的雇傭關係，而讓銷售員自行吸收各種風險與成本。持平而論，剝下社會企業的華美包裝後，臺灣《大誌》和派報社之間有何差別？

包括創始的英國在內，世界各國的《大誌》通常會另行成立基金會，再由基金會協助販售員解決生活上食衣住行各方面的問題。然而，創刊於二〇一〇年的臺灣《大誌》，號稱一年半後就達到收支平衡。但直到目前（二〇一八年）為止，都還沒有依循相同模式成立扶助銷售員的基金會，僅是不斷地說服社會大眾購買《大誌》就等於幫助街友。但是，即便是成立基金會，也有基金會的問題……

英國《大誌》，社會福利才是關鍵

英國《大誌》所成立的大誌基金會（The Big Issue Fundation），在其官方網站上宣稱他們沒有收受《大誌》雜誌的捐款，而是獨立募款運作[24]。然而他們服務的對象僅限於《大誌》的銷售員，而非普遍的街友。我們當然樂見《大誌》的銷售員能夠安居樂業，但從另一個角度來看，《大誌》的銷售員生活穩定後，也就更能夠穩定地販售《大誌》，增加《大誌》的營收。那麼，為什麼社會大眾要捐款給大誌基金會以幫助《大誌》的銷售員呢？如果說有一位狀況急需幫助的街友，他得先去報名、參加培訓、完成實習，等到他成為《大誌》正式銷售員之後，才能獲得《大誌》基金會的幫助，這不是一件很荒謬的事情嗎？

如同一般未上市企業，英國《大誌》並未在網站上公布其財務報告，因而我們無從得知他們是否獲利，有多少獲利？但如果有的話，以社會企業自居的《大誌》，為什麼不把獲利回饋到銷售員身上，或者是轉捐給基金會呢？我們能想像一個企業公開呼籲各界捐款給自己的基金會，來救助自己的員工嗎？例如連鎖便利商店請消費者捐款，以幫助低薪的員工改善生活。但如果員工的薪資不足以維持基本的生活品質，難道資方完全沒有責任嗎？英國《大誌》宣稱每位銷售員都是「自營作業者」（self-employed）[7]，因而可以撇清雇主的責任，但我們真的能對這樣的說法買單？

近年來，部分羅馬尼亞（Romania）跟保加利亞（Bulgaria）的移民來到英國，透過擔任《大誌》的銷售員而得以領取英國政府的社會福利。此一情形遭媒體披露後，引發輿論關注。這是怎麼回事？為什麼是這兩個國家？箇中原因有些曲折，二〇〇四年，一共有十個位於中歐、東歐和地中海的國家同時加入歐洲聯盟[8]，英國政府當時給予這些國家國民在英國合法居留及工作的權利。此舉引發批評，認為大量的中歐或東歐民眾會因此移居英國，造成衝擊。因此在二〇〇七年，羅馬尼亞和保加利亞加入歐盟時[9]，英國就限制這兩個國家的國民必須要有英國雇主為其申請的工作證，或是有自營作業者的身分，才能夠在英國合法工作。

英國《大誌》的銷售員都需要向政府登記成為自營作業者，繳交國民保險金，販售收入也需申報課稅。登記成為自營作業者之後，即可享有包括退稅、租屋津貼、育兒津貼等工作福利。如果收入低於標準（以二十五歲以上單身成年人來說是每週收入七十三．一英鎊），還可以領取低收入補助和其他稅金補貼。而對於羅馬尼亞和保加利亞兩國國民來說，如果能在英國持續工作滿十二個月（包括自營作業者在內），就可以拿到國家保險號碼，有資格申請前述各種工作福利和津貼，甚至還包括失業救濟。[25]所以我們不難理解，為何成為《大誌》銷售員對於想移居英國的這兩國民眾來說，會是一個好選擇。

在媒體的報導中，描繪了不少羅馬尼亞人登記成為《大誌》販售員之後，並未積極地販售雜誌，而是憑藉著自營作業者的身分，領取英國政府的福利過活。例如，《每日郵報》（*Daily Mail*）在二〇一七年就報導一位擔任英國《大誌》銷售員的羅馬尼亞籍婦女，宣稱自己每週花四十小時販賣《大誌》，平均賣出四十本，每週販售《大誌》收入僅為五十英鎊。但其自營作業者的身分，讓她可以獲得相當於每週一百五十英鎊的退稅，以及全額的租屋津貼。[26]儘管這些移民被主流輿論戴上福利竊取者的帽子，但反過來看我們可以發現，英國的福利政策是這些移民得以在英國生存的主要支

⑦指獨立從事勞動或技藝工作報酬，且未僱用有酬人員幫同工作者。（職訓局：勞動力發展辭典）

⑧二〇〇四年加入歐盟的十國分別為賽普勒斯、愛沙尼亞、拉脫維亞、立陶宛、波蘭、捷克、斯洛伐克、匈牙利、馬爾他和斯洛維尼亞，被稱為A10國家。其中扣除掉位於地中海的兩個前英國殖民地賽普勒斯和馬爾他後，剩下的八國被稱為A8國家。

⑨二〇〇七年加入歐盟的兩國羅馬尼亞和保加利亞，被稱為A2國家。

持資源，而非販售《大誌》的收入。如果說對這些歐盟移民來說是如此，那麼對於英國籍的《大誌》銷售員又如何？

當前英國《大誌》是每週發行的週刊，定價一份是二．五英鎊，其中銷售員可以拿到一半，也就是一．二十五英鎊。根據英國《大誌》在官方網站上提供的數據，目前英國《大誌》約有一千五百名銷售員，每週發行量為八萬三千份。如果我們直接將發行量當作銷售量來估算（一般來說銷售量均會低於發行量），最終可以得出英國《大誌》銷售員每週平均販售量約為五十五份，平均收入約為六十九．二英鎊，相當於新臺幣兩千八百元。[27]我們以二〇一八年英國二十五歲以上成年人的法定最低工資每小時七．八十三英鎊來算[28]，乘上一星期的全職工時四十小時，可以得出一週的基本工資應為三百一十三．二英鎊。也就是說，英國《大誌》銷售員平均販售收入僅為最低工資的百分之二十二，不到四分之一。

一般來說，最低工資被視為是最低生活水準的重要指標，那麼除了少數真的能夠穩定賣出大量《大誌》的明星銷售員之外，很明顯絕大部分的《大誌》銷售員都不可能單單依靠販售《大誌》的收入過活。反而是登記成為自營作業者之後，所領取的各種津貼與補助，還高過販售《大誌》所能獲得的收入。這恐怕是《大誌》銷售員普遍的狀況，而非僅僅出現在羅馬尼亞移民身上。儘管《大誌》打著讓街友自食其力的社會企業名號，但或許英國的社會福利制度才是真正支持《大誌》銷售員生活的主要力量。⑩

小結

本章對《大誌》的探討再度印證了前面章節中我們對於社會企業的分析。在各種看似時髦、進步的行銷話術包裝下，社會企業一詞中的「社會」是什麼？往往欠缺扎實具體的論證和說明。而「企業」的組織、文化和資方立場倒是非常鮮明。當原本應屬於公共領域的社會議題被商品化之後，對社會議題的關注與行動，就從制度面和結構面問題被轉化為消費選擇問題，社會企業更讓我們相信購買商品就等於解決社會問題。然而街友面臨的困難是什麼？製造街友機制是什麼？街友的需求是什麼？應該提

⑩英國的公共醫療服務（National Health Service, NHS）確保了英國居民可以免費接受大部分的診療，僅在一些項目部分負擔。雖然英國公醫制度歷經多次改革，其效率也經常為人詬病。但不可否認，免費醫療讓民眾無須自行承擔健康風險，也避免了因為高額醫療費用而無力還債的後果。英國的街友同樣也受惠於公醫制度的保護傘。

供的協助是什麼?這些問題都被簡化為購買《大誌》等於幫助街友,所以賣出越多的《大誌》,就有越多街友被幫助?我們該做的事情就是努力購買和推銷《大誌》以幫助街友?《大誌》讓我們將對於街友的關注,直接導向購買與消費,而非對公共政策的探討。但如果真正在乎街友議題,就會知道建立更完善的社會安全網才是關鍵,而不是將力氣放在賣出更多《大誌》。這就是我們前面所談到,社會企業將社會議題「去政治化」的效應。在本章裡,我們以《大誌》為案例,拆解了社會企業的神話和其包裝的話術。在接下來的章節裡,我們將從不同領域的不同案例出發,更深入地分析社會企業所帶來的種種問題。

第5章

微型貸款：一顆包裹糖衣的毒藥？

我們會發現，微型貸款的真正效用不是扶貧，而是反過來讓錢由貧窮者的手中流向富有者。就是所謂的貧窮金融化效應：透過微型貸款，讓一群人的貧困，成為另一群人賺錢並積累資本的管道……

二〇一五年三月二十六日，在北非的突尼西亞（Tunisia）首都突尼斯（Tunis）所舉辦的世界社會論壇（World Social Forum）[1]中，舉辦了一場主題為「滾開！微型貸款，滾開！」（Go away, microcredit, go away!）的座談會。在會中，解除第三世界債務委員會（CADTM）的印度研究員蘇荷文・達哈（Sushovan Dhar）公開表示，微型貸款不僅沒有達到扶貧的效果，甚至還讓許多窮人欠下難以償還的債務。臺上來自摩洛哥（Morocco）、馬利（Mali）等國的婦女團體代表，異口同聲地控訴在地方社區推動微型貸款所造成的惡果。

長期以來，微型貸款（microcredit），或者更廣義的微型金融（microfinance），被認為是扶助窮人脫貧的有效工具，因而受到大力推廣。然而，這場座談會的內容，似乎和微型貸款的立意相悖。微型貸款出了什麼問題嗎？為什麼第三世界國家的草根組織會大力反彈？為什麼一個關注第三世界債務問題的國際組織，會反對微型貸款，甚至為此進行反對倡議？

尤努斯的葛拉敏銀行

二〇〇六年的諾貝爾和平獎得主穆罕默德・尤努斯（Muhammad Yunus），以創辦

「窮人的銀行」獲獎。他看到孟加拉的窮人因缺乏資金改善生活與生產工具，同時深陷傳統高利貸的迴圈中無法脫貧。而傳統銀行業者因不信任窮人的還款能力，將窮人拒於門外，不願意貸款給窮人。然而，尤努斯認為，很多時候只需要一點點的資金，窮人就有可能因此獲得翻轉的機會。

在尤努斯所著《窮人的銀行家》（*Banker To The Poor: Micro-Lending and the Battle Against World Poverty*）[1]一書中，他舉了一個案例。一九七四年，尤努斯在鄉村遇到一位貧窮的婦女蘇菲亞（Suffa Begum），蘇菲亞每天跟大盤商借五塔卡（taka，孟加拉貨幣單位），相當於二十二美分（約臺幣七元），以購買材料編織竹凳。而每個竹凳賣回給大盤商的價格是五．五塔卡。蘇菲亞辛苦一天只能編好一個竹凳，於是她的收入一天僅〇．五塔卡，相當於兩美分。尤努斯指出，蘇菲亞因為欠缺二十二美分的資

①自上個世紀九〇年代起興起的反全球化運動催生了以「另一個世界是可能的」（Another World is Possible）為號召的世界社會論壇。為當前「另立全球化運動」（Alter-globalization Movement）的年度盛事。每屆大會均吸引了全球數以萬計的社會運動工作者參加，於大會中交流議題，討論合作。二〇〇一年一月，首屆世界社會論壇於巴西的愉港（Porto Alegre）舉辦，當時發起的核心成員與團體，刻意選擇此一時間，想藉此與每年一月於瑞士達沃斯（Davos）舉辦，象徵資本主義秩序的世界經濟論壇（World Economic Forum, WEF）分庭抗禮。

金，所以只能被迫接受大盤商惡劣的剝削。而如果她跟高利貸借錢，日息可能就高達十％以上，並不划算。這時候，如果有銀行能夠以合理的利率借貸給她，或許蘇非亞在市場上賣出產品之後，就能賺取更多收入，進而改善生活。

尤努斯認為，蘇非亞的遭遇並非個案，而是窮人普遍的處境。尤努斯強調，窮人擁有智慧和能力，也充滿創業精神，只是缺乏資金和機會。如果提供窮人資金和機會，他們就會展現出驚人的活力與創意，透過自己力量脫離貧窮。因此尤努斯自一九七六年開始著手創辦葛拉敏銀行（Grameen Bank），以窮人，特別是婦女為主要放款對象，無須抵押或擔保即可借款，並透過一系列機制確保他們將錢用於改善生活，並確保如期還款。葛拉敏銀行的高還款率（接近百分之百），扭轉了窮人不會還錢的刻板印象，並成功地將經營規模不斷擴展。微型貸款的做法與理念，逐漸推廣到世界各地，諾貝爾獎委員會宣稱微型貸款是「一個有史以來在消除貧困問題上最有力的武器。」，聯合國亦將二〇〇五年定為「國際微型貸款年」。

全球微型貸款迅速成長

根據微型貸款高峰會（Microcredit Summit Campaign）組織所發布的《二〇一五年微型貸款運動狀況報告》[2]資料，至二〇一三年底為止，全球微型貸款的客戶數多達二・一一億，其中符合每日低於一・九〇美元②的極端貧窮家庭數為一・十四億。如果以一個家庭平均五人估計，全球共有約十億人受到微型貸款的影響。而在一九九七年時，全球微型貸款的客戶數僅為一千三百萬戶。在十六年裡，微型貸款的使用人數成長為十六倍。

不僅客戶數成長，貸款的總額也不斷攀升。英國蘇賽克斯大學（University of Sussex）發展研究所學者菲利浦・梅德（Philip Mader）表示，自二〇〇二至二〇〇九年間，全球微型貸款每年成長的幅度為十七%至七十八%之間。自二〇〇九年至今，平均年成長率為十%。而根據微型金融資料庫ＭＩＸ③所蒐集的資料，二〇一二年全球一千兩百五十七間微型貸款機構的貸款餘額④，一共為一千零七億美元。

微型貸款的規模持續擴大，代表著滿足了越多窮人的需求。尤努斯本人深信，透

---

②世界銀行對「極端貧窮」的最新定義為每日生活費用低於一・九〇美元的家庭。

③Microfinance Information Exchange,MIX。由世界銀行內部的金融管理機構所設立的微型金融資料庫，目的為促進微型金融行業的透明度。http://www.themix.org/mixmarket

④貸款餘額不是貸款數額，貸款數額是指合約數額，是一個不變的數字。貸款總額是指截止到某一日以前銀行已經發放的貸款總和。貸款餘額則是指至某日期為止，借款人尚未歸還放款人的貸款總額。

過微型貸款，我們可以打造一個沒有貧窮的世界。然而，微型貸款的真相恐怕沒有這麼美好。

印度安德拉邦微型貸款危機

二〇一〇年，印度的安德拉邦（Andhra Pradesh）爆發平民自殺潮，當地官員宣稱多達七十人（也有一百二十多人的說法）因無力償還微型貸款債務，而陸續走上絕路。同時也有婦女組織行動，抗議微型貸款的利率過高，讓民眾難以負荷。連續自殺事件爆發後，安德拉邦政府宣布將取締浮濫放款的行為，並立法加強管制微型貸款機構。此舉又進一步降低民眾對放款機構的信心，不僅還款違約率增加，投資者意願也大減，數間微型貸款機構關門倒閉，引起了一場印度的微型貸款危機。

印度一直是微型貸款成長最為迅速的國家之一。自二〇〇五年到二〇〇九年，印度微型貸款總額從二・五十二億美元增加到二十五億美元，短短幾年成長將近十倍。其中，全印度的微型貸款又有三十五％集中於安德拉邦。前述五年間，印度微型放款的投資報酬率由五％大幅上升到二十％，吸引大量國際熱錢和跨國公司投入。[3]

國際微型貸款評級機構（Micro-Credit Ratings International）的印度辦公室負責人桑傑・辛哈（Sanjay Sinhah）曾於二〇〇六年表示，印度有近一千間微型貸款機構[4]。

根據另一份資料指出，二〇一〇年八月印度已經有超過三千個微型貸款機構[5]，顯示貸款機構在印度擴張迅速。短期內迅速擴張，帶來的影響包括銷售人員培訓不足，以及不同機構搶奪客戶所帶來的過度放款問題，甚至在同一個村莊內有多達四五間不同的微型貸款機構對民眾重複放款。多個債務複利滾動，長期累積下來，使得借款人無力償還，最終只能違約或是走上絕路。而一個號稱要幫助窮人的機制，反過來逼死窮人，不得不讓人質疑，微型貸款究竟出了什麼問題？

媲美信用卡的循環利率

事實上，微型貸款的推動一直存在各種爭議，其中包括微型貸款的高額利率。以尤努斯創立的葛拉敏銀行為例，他們提供的貸款年利率約為二十%⑤，幾乎相當於我

⑤計算貸款的真實利率並不簡單，葛拉敏銀行有著許多不同的貸款方案，也包括了要求貸款者強制儲蓄，支付規費等等，還要考慮高通貨膨脹等因素。在某些學者的計算中，甚至認為葛拉敏銀行的真實貸款利率超過四十%。目前在葛拉敏銀行網頁說明其利率是十六%，而學者David Roodman仔細地探討和分析過後，認為二十四%應該是較為合理的數字。在這裡我們採用介於兩者之間的數值。[6]

們平常所使用的信用卡利率。而在各國國內成立的微型貸款機構的年利率大多落在二十%至六十%之間，甚至在墨西哥曾出現過年利率超過百分之百的案例[7]。儘管做為一種扶貧工具，微型貸款的利率似乎比一般人想像的還要高，但仍舊比傳統以日記息的高利貸來得低，而這也是微型貸款對借貸者最有吸引力之處。

儘管也有研究指出，微型貸款機構的經營成本比想像中來得高，所以高利率反映的是高經營成本。但從許多商業銀行或企業紛紛投入微貸業務，以及整體微貸市場擴張的情形來看，微型貸款恐怕是筆利潤豐厚的生意。（如前述資料，二〇〇九年印度的微貸投資報酬率達到二十%）這樣的高利率，似乎對於一般大眾對「扶貧」的公益想像有不少落差。同時，以營利為導向的銀行，以及商業微型貸款機構，為了業績與營收，往往傾向浮濫放款。

窮人的創業精神

微型貸款提供資金可以讓窮人改善生活，其中一個說法是因為窮人富有創業精神，然而這個說法值得商榷。根據經濟合作暨發展組織（Organization for Economic Cooperation and Development, OECD）二〇〇九年一份研究指出[8]，大多數開發中國家有三十%至五十%的非農業人口是自營作業者。在某些極端貧窮的國家，這個比率往往更高，例如孟加拉是七十五．四％、迦納是六十六．九％。而在已開發國家則正好相反，平均只有十二．八％的非農自營作業者。我們可以看到，發展中國家的自營作業者比例明顯高於已開發國家，然而這顯示發展中國家的民眾更富有創業精神嗎？事實上，反而是因為貧窮國家往往缺乏足夠的工作機會，且單一收入來源通常不足以維生，使得民眾必須透過做小生意、打零工等方式，從多元管道賺錢才能滿足生活所需。

密西根大學商學院教授阿諾．卡納尼（Aneel Karnani）在〈小額貸款搞錯了方向〉（Microfinance Misses Its Mark）一文中指出，「事實上，大多數小額貸款客戶不是主動去選擇當微型企業的企業家。如果可能，他們更願意到工廠工作，領取一份合理的報酬。『窮人企業家』這個稱呼太過浪漫。」他認為，創造穩定的就業機會，支付合理的工資，才是消除貧困的最好方式。他引用國際勞工組織（International Labour Organization, ILO）的說法：「沒有什麼比就業更能有效地扶貧」。[9]

透過提供資金幫助窮人創業而改善生活的方式，也忽略了創業的風險。沒有什麼生意穩賺不賠，同時窮人往往也是風險承受能力最差的一群人。況且，以微型貸款的高利率來說，窮人貸款創業不能僅僅餬口而已，如果沒有辦法創造二十％至五十％的超高投資報酬率，所有的獲利只會被貸款利息吃掉，甚至因此負債。這樣高的經營門檻恐怕不是所有人都能輕易達到。

微型貸款是否有效？

那麼，微型貸款是否有效？這個問題並不容易回答。英國的Giving What We Can是專門評價慈善機構的成效，供捐款者參考的組織。二〇一四年曾在其網頁張貼〈為什麼我們（仍然）不推薦微型貸款〉（Why We (Still) Don't Recommend Microfinance）一文。其主要原因即在於他們認為，現階段除了一些感人故事之外，仍缺乏可靠且明確的證據支持微型貸款的效果。[10]

關於微型貸款的研究一直遇到各種困難，印度經濟學者阿比吉特・班納吉（Abhijit V.Banerjee）在其著作《窮人的經濟學：如何終結貧窮》（*Poor Economics: A Radical Rethinking of the Way to Fight Global Poverty*）一書中表示，微型貸款機構通常傾向提供成功案例，抗拒開放資料供學者研究。同時，微貸機構也會認為，只要客戶源源不絕，就表示這項業務對其有利，那麼何必再做研究證實？況且，不同國家、機構、做法都不盡相同，並不容易對微型貸款的效果進行全面性的評價。[11]

然而，阿比吉特在印度的研究，從海德拉巴市的一百零四個社區中，隨機選擇其中一半，五十二個社區讓微型貸款公司進駐，並對照兩者之間後續的差異。他認為，「沒有跡象表明他們的生活發生了一種徹底的轉變」、「女人並沒有覺得自己擁有了更多的權力」。在微貸公司進駐十五個月後，開始做新生意的家庭從五％左右上升到七％

以上，阿比吉特指出，這樣的比例不算低，但也算不上是一場革命。[12]而在學者羅德曼（D. Roodman）和摩達克（J. Morduch）的研究中[13]，他們回顧了過往三個針對孟加拉微型貸款的研究，重新檢視其數據，並得出微型貸款「影響微弱」的結論。事實上，絕大多數的學者都同意，微型貸款即便能帶來部分正面效應，其效果也絕對不像推廣者標榜的那麼神奇靈驗。

《為什麼微型金融不管用？》（*Why Doesn't Microfinance Work?*）一書的作者米爾福德．貝特曼（Milford Bateman）更在書中直言，這種比較有微型貸款和沒有微型貸款村落之間的研究有根本上的問題。微型貸款所帶來的效應很可能是因為微貸機構所借出的款項，為通貨緊縮的區域注入流動資金，活絡經濟。如果是這樣，那麼將這筆錢透過直昇機由空中直接灑到村莊內，也會有同樣的效果。他認為，如果真要探討微型貸款是否為更好的扶貧企劃，那麼應該要系統性地比較微型貸款機構進駐的村落，和執行同等資金規模的其他扶貧計畫村落之間的差異。[14]

為釐清微型貸款的扶貧效力，英國政府國際發展部（Department for International Development）於二一一一年委託研究機構EPPI-Centre，系統性地回顧過往研究，以評估微型貸款的影響力。他們搜尋了十一個學術資料庫，四個微型金融的數據中心，和八個非政府組織網站。再將蒐集到兩千六百四十三篇相關研究，篩選過濾到五十八篇。最終他們得出的研究結論認為，缺乏實際可信的證據支持微型貸款確實能改善窮人生活，或是賦權婦女。援助發展部門對微型貸款的狂熱信仰，建立在如同沙地般鬆散的基礎上。這份研究進一步指出，在過去十年內，微型貸款行業吸收了龐大的資金，而這些資金如果拿來推動其他的扶貧項目，對窮人的幫助可能更大。[15]

高還款率的背後

相較於一般商業銀行普遍低於七十%的還款率，微型貸款的還款率極高，多半在九十五%以上。這樣的成績被認為翻轉了對窮人不會還錢的刻板印象，也進一步證明了窮人是可靠的貸款客戶。也許有人因此認為，既然貸款人能夠按時還款，就證明微型貸款有效。然而，這樣的說法不盡然符合事實。微型貸款機構使用非常多的機制來維持高還款率，因為只要有人開始違約，且沒有受到壓力或處罰，不還款的人將會越來越多。

以葛拉敏銀行來說，他們要求貸款的婦女要另外找四位認識的女性，組成小組，一方面互相支持，但也彼此監督。只要其中一位沒有每週按時還款，另外四位都會被取消貸款的資格。我們可以想像，在人際關係緊密的鄉村，這樣的機制將為當事人帶來龐大的還款壓力。而為了避免遭到連坐受罰，其他小組成員也可能會選擇先代為墊付還款，以維持自己申請貸款的資格。⑥有些微型貸款機構甚至會在借款人違約後，派人到他家門口討債或漫罵，以造成借款人名譽損失的壓力，迫使借款人還錢。對此，孟加拉籍的人類學者拉米亞·卡琳（Lamia Karim）在其著作《微型金融及其不滿：陷入債務的孟加拉婦女》（*Microfinance And Its Discontents: Women in Debt in Bangladesh*）中，批評葛拉敏銀行，以及其他微型貸款機構的做法是「一種基於羞恥的地方經濟」。[16]

糧食與發展政策研究所於二〇〇八年發表了《微型貸款的限制——孟加拉案例》報告，報告中訪談了位於孟加拉北方的村莊阿雷普（Arampur）的村民，並記錄微型貸款對他們的影響。報告中指出，村民們提供了無數的案例，說明微貸機構無所不用其極地採取各種暴力或羞辱方式逼迫借款人還款。報告中引述其中一位借款人的說法：

> 「他們採用各種方式強行把錢要回去……折磨拷打或是把人綁在地上拖行，這是嚴重不公義的行為。我告訴機構的職員說，『我的小孩病了，我今天沒辦法給你分期還款的錢。』然後我去找醫生來家裡幫小孩看病、開藥吃。隨後那個職員跑來跟我說『為什麼你能夠幫你的小孩買藥，卻沒辦法還錢？』這是什麼對待人的方式？[17]

---

⑥組成小組是早期葛拉敏銀行的做法，自二〇〇一年後，葛拉敏銀行經歷過一次大規模的改革，放棄了這種小組工作，並走向更為商業化、多角經營的模式。

所以高還款率、低違約率的現象僅僅代表貸款人會想辦法乖乖還錢，同時放款機構也確實能收到還款。但無法說明這種高還款率究竟是如何達到？甚至，高還款率也不代表這筆貸款必然增加貸款者的收入。甚至像是信用卡債所造成的問題一樣，許多人會選擇申請另一筆貸款來償還現有的債務，最終導致債臺高築，落入債務陷阱。

陷入債務陷阱

湯瑪士．狄區特（Thomas Dichter）曾於一九九四年至一九九八年擔任世界銀行資深顧問，在其四十多年的職業生涯中，超過一半的時間，在微型貸款和國際發展領域工作。二〇〇七年，他主編了《微型貸款有什麼問題？》（*What's Wrong with Microfinance?*）一書。他在書中表示，各種證據均顯示，許多從機構借貸出去的款項，並未用在創造收入的活動，而是被借款人拿來支應各種生活開銷。[18]事實上，對於收入不穩定的窮人來說，面對一些臨時的大筆支出，如傷病、嫁娶、喪葬、小孩要交學費等等，或是農民在農作收成之前的過渡期，都經常需要透過借貸支應。這時候，利率比高利貸低的微型貸款，就成了他們借貸籌款的主要來源之一。這樣的狀況即便在知名的葛拉敏銀行也不例外。人類學者阿敏努．雷曼（Aminur Rahman）於一九九四年至一九九五年間記錄他所在的村落中兩百一十七位葛拉敏銀行的借款人，發現多達七成的借款人並未將貸款用於創造收入。[19]

孟加拉的阿雷普村約有一千五百戶人家，卻有著八間不同的微型貸款機構。機構之間彼此競爭放款，努力開發客戶。在村內，一戶人家同時背負著四種以上微型貸款債務的情形相當普遍。當手頭上的錢不足以支付分期還款時，村民就會選擇向另一間機構申辦新貸款以還債。糧食與發展政策研究所的報告指出，村民們並沒有因為微型貸款而走出貧窮，反而因此陷入了債務循環的泥沼。一位借款者表示：

「一開始，那些非政府組織說他們的貸款將會為我們的生活帶來幸福，例如我們可以獲得資金開創自己的事業。他們誘惑我們，說我們將會擁有雞群、一間廁所還有其他許多的東西。我們相信他們。他們說我們會需要每週定期還款，但這不會讓我們感到負擔。然後我們發現，就算我們把自己的皮都剝下來賣掉，還是無法擺脫這些債務。」

微型貸款無法解決發展困境

或許有人認為，即便微型貸款不像推廣者宣傳的那麼神奇，但似乎仍有一定的效果，將其當作扶貧的手段之一似乎未嘗不可？然而，對於發展中國家來說，微型貸款真的是一個好的政策工具嗎？

劍橋大學發展經濟學教授張夏準，在其著作《資本主義沒告訴你的二十三件事》（*23 Things They Don't Tell You about Capitalism*）中指出，貧窮的開發中國家，其整體技術能力低落，且通常僅於自己家中從事小規模生產，這使得國內窮人能夠從事的業務或生產的產品種類相當有限。當許多人透過微型貸款進行同樣的創業時，該業務的利潤率勢必將會大幅下降。張夏準舉例，如果你是一位克羅埃西亞的農民，透過微型貸款買了一頭乳牛，希望透過賣牛奶賺取收入。但你們同個村莊另外也有三百個農民跟你一樣貸款買了乳牛，當地牛奶的供給一下子大過需求，賣牛奶的利潤直線滑落。但受限於本身技術、組織技能和資本的限制，不可能就這樣轉行出口奶油或乳酪到英國或德國，只能繼續守著這條不賺錢的乳牛。[20]

在這裡，我們看到微型貸款的兩大問題。第一是，微型貸款無助於解決社會整體技術能力低落、缺乏相關生產投資環境的狀況。張夏準認為，過往曾經成功獲得發展的國家，例如上世紀七〇年代的亞洲四小龍、九〇年代的中國，通常採用由政府帶動的產業發展策略，並以較大規模的投資與資本創造就業，同時提昇產業技術能力。印度經濟學者阿比吉特也認為，微型貸款因為是分散式的小額貸款，所以無法進行大型的投資。即便微貸投資於家戶生產能夠讓人改善自己的生活，但很容易遇到瓶頸。

微型貸款的第二大問題，將貧窮因素僅歸咎於個人，並提出市場導向的解決方式。確實，一個人的收入高低，高比例取決於際遇、個人能力或條件。但發展中國家人民並非「集體時運不濟」或「集體能力低落」，而是整個社會和國家都處於貧窮的狀況。而這樣的處境亦有其歷史背景與成因，也許是過往背負的龐大外債，吃掉了經濟的成長；也許是長年內戰不斷，民生凋敝；又或許是在國際貿易協定簽署過程中，被迫開放國內市場，脆弱的國內產業受到打擊而自此一蹶不振。

甚至，「貧窮」指的不僅是收入低，更包括缺乏道路、飲水、電力等公共基礎建設，以致生活環境惡劣。或是缺乏公衛、醫療、救濟管道及福利政策。如果僅推廣「大家一起借錢做生意」，而不去面對並處理這些製造貧窮的成因，就算有少數幸運兒經商有成，但整體社會恐怕仍舊難以脫離貧困。

微型貸款的其餘效應

即便我們語帶保留地說，微型貸款有著「有限」的效果，也許無法做為單獨的扶貧政策，還需要許多配套的措施。但當前狀況是，許多發展中國家的政府，將微型貸款視為主要的政策手段。我們不難想像對發展中國家的政治人物來說，微型貸款的誘惑、商機，以及帶來的「各種好處」。《為什麼微型金融不管用？》一書的作者米爾福德・貝特曼在書中表示，許多政治經濟狀況較差，無力規劃並執行良好經濟發展政策的國家，熱烈地歡迎微型貸款機構進駐，做為其主要扶貧政策。然而，其較為低落的政府效能，也代表他們難以有效監督微型貸款機構。不受監管控制的微型貸款，也就更容易製造社會問題。前述發生於印度安德拉邦的悲劇，正是這種情形的縮影。

隨著微型貸款規模不斷擴展，一些非營利組織也開始經營起微型貸款業務，甚至將微型貸款視為主力推動的扶貧計畫。除了微型貸款自己本身的問題之外，這樣的做法也產生了資源的排擠效應。在孟加拉的阿雷普村就發生了這樣的情形，微型貸款取代了過往其他非營利組織所提供的社會服務，侵蝕了長期的社會安全結構。許多村民表示，在飢餓季節⑦時，即便再怎麼不願意，他們還是只能被迫向微貸機構借款以購買食物。

微型貸款培力女性？

特別在那些女性需要掙扎對抗壓迫的社會經濟條件的社會當中，微型貸款已經被證明是一股重要的解放力量。

——諾貝爾和平委員會，挪威，二〇〇六年十月十三日。

自葛拉敏銀行創辦以來，尤努斯就將婦女視為主要的目標客群。在早期，葛拉敏銀行的貸款客戶中高達九十七%是婦女。《二十七美元的夢想：尤努斯如何改變世界》

（*Twenty-Seven Dollars and a Dream How Muhammad Yunus Changed the World and What It Cost Him*）一書的作者凱瑟琳・艾絲緹（Katharine Esty）認為，尤努斯這麼做的主要原因有以下五點：第一，相較於男性會購買娛樂奢侈品，婦女較傾向善用貸款，並將收益花在改善家庭的飲食和兒童的教育。第二，婦女的還款紀錄優於男性。第三，在孟加拉，婦女的勞動潛力尚未開發，貸款可以幫助她們去創業工作，進一步提昇婦女在家中和社會上的地位。第四，尤努斯認為，傳統金融服務排除婦女，違反人權。第五，葛拉敏銀行要求貸款婦女需遵守「十六條決定」（sixteen decisions）⑧，長期下來可以減輕貧窮和培力婦女（empower women）。[21]貸款給婦女不僅對機構本身好處多多，還能夠讓提昇女性地位，改變性別弱勢。因此自葛拉敏銀行之後，許多微型貸款機構也將婦女視為主要客戶。「培力女性」，這也是微型貸款在推廣時經常提出的說法。

然而，事情真的這麼簡單美好嗎？或許並不盡然，一位阿雷普村的借款人表示：

---

⑦貧窮的農民經常在農作物收成之前處於缺乏糧食和資金的狀態，這段時期被稱之為「飢餓季節」（hungry season）。以非洲為例，大部分的地區在每年六月至十月為飢餓季節。

⑧這十六條決定包括了建設和使用挖坑的廁所、維持小家庭規模、照顧個人和孩子的健康、教育孩子、吃更多的蔬菜、喝乾淨的水和保持環境清潔等等這類的生活公約。[22]

「婦女們在她們丈夫的要求下去借微型貸款。當她們丈夫付不出錢還債的時候，非政府組織工作人員就會強力譴責那位婦女。婦女們必須同時應付來自於兩邊的壓力。」婦女承擔債務的風險，但沒有從中獲益，這類的案例在阿雷普村屢見不鮮。甚至，原本尤努斯希望能廢除結婚時女方給予男方嫁妝的陋習⑨，但在阿雷普村的報告裡指出，許多婦女反而能透過商借微型貸款來籌措女兒的嫁妝，進而造成嫁妝「通貨膨脹」。一位一天只賺一．五美元的婦女，卻為了女兒的婚事借了多達三百六十美元的貸款。[23] 如果說微型貸款最終讓許多窮人墜入債務陷阱難以脫身，那麼借錢給婦女，讓婦女們背負債務，如何可能是一種有效的「培力」策略？微型貸款真的能夠培力女性嗎？

帶著這些關於微型貸款的各種疑惑，孟加拉籍的人類學者拉米亞．卡琳回到孟加拉的鄉村從事田野工作，並將研究成果集結為《微型金融及其不滿：陷入債務的孟加拉婦女》一書。她發現，真實情形和微型貸款機構的自我宣傳內容相反，葛拉敏銀行以及其餘的微型貸款機構，長年下來並未帶給大部分婦女幫助與解放。反而使得許多婦女深陷多重債務困境，並讓家庭與社區的暴力升級，進而削弱婦女抵抗市場衝擊的能力。[24]

許多針對微型貸款的獨立研究都指出類似的尷尬事實。而另一位人類學者阿敏努．雷曼則在其對葛拉敏銀行的研究中認為，正是因為女性在整體社會結構上比起男性脆弱，更加缺乏抵抗的資源與網絡，才會成為微型貸款的模範客戶，乖乖接受其借貸規則。微貸機構打著幫助女性的名義，實際上就只是在做她們的生意。

微型貸款發展簡史

微型貸款風行全球的現象並非偶然，而是有其特殊的時代背景。米爾福德·貝特曼在其書中表示[25]，早期的葛拉敏銀行，以及當時的其他微貸機構，其資金主要都來自於國際非營利組織，或是政府的挹注。起初，微貸計畫扶貧的動機遠高於商業目的。直到一九七〇年代中期，新自由主義的意識形態興起，出資方開始要求微貸機構達到財務上的自給自足。於是微貸機構開始了一連串的調整，包括將貸款利率隨市場行情調整，經營方式也變得更加商業化、獲利導向。

到了一九九〇年代初期，這種以建立金融系統為取徑的微型貸款模式已經成型，

⑨借款者十六條決定中的第十一項：「我們不會在我們兒子的婚禮上接受任何嫁妝，我們也不能在我們女兒的婚禮上給任何嫁妝。我們將保持我們家人免於嫁妝的詛咒。我們不會實踐童婚。」

並逐漸取代掉原本的模式。一九九二年，玻利維亞的BancoSol成為全球第一個從非營利組織轉型成商業銀行的微型貸款機構。在這之後，類似的非營利組織商業化轉型案例就如雨後春筍般一個個跟著出現。[26]同時，這種商業導向的取徑，也逐漸被援助發展社群視為最佳的微貸模式。貝特曼認為，在西元二〇〇〇年之後，全球財富集中趨勢增加，新興的超級巨富對於透過市場機制扶貧的方案特別充滿熱情，加上商業銀行在看到微型貸款有利可圖下，擴大設立微貸機構，或是增加挹注的資金。

微型貸款與新自由主義

在貝特曼的分析當中，他指出，微型貸款機構的出現、轉型以及後來的迅速成長，都和起源於上個世紀七〇年代的新自由主義思想（neoliberalism）的發展息息相關。新自由主義，簡而言之是一套以自由市場至上，提倡政府去管制、並推動私有化的政策思維。在各國推動實行後，招致許多抨擊，被認為其做法圖利企業財團，犧牲民眾福祉，擴大貧富差距。而微型貸款背後的「市場力量能有效解決社會問題」的預設思維，恰恰就是新自由主義的核心思想。

微型貸款的推廣者，在描述傳統銀行時，普遍認為銀行不願意借錢給窮人，是不對、不公平、不道德的行為。尤努斯甚至高呼，信貸是每個人都應該享有的權利，就像獲得糧食一樣，是一種人權。[27]銀行拒絕貸款窮人，因為他們沒辦法提供擔保品，也沒有信用紀錄。這樣的做法，除了被理解為一種「限制」之外，其實也是一種「保護」。如果今天銀行不評估一個人的還款能力而輕易地放款，除了銀行本身可能產生呆帳外，也容易讓借款人欠下難以償還的債務。臺灣前幾年爆發的卡債風暴，就是銀行浮濫發行現金卡所帶來的後果。將所有的門檻與條件，都理解成「限制」，並要求解除或打破，這其實就是一種去管制的做法。

同時，微型貸款透過將結構性因素造成的普遍貧窮問題，歸因於個人缺乏資金與機會，突破金融服務的管制，讓窮人更多地參與市場機制賺取收入。這樣一種將本應屬於公共領域的社會問題，轉向以個人努力方式解決，去管制的思維，透過市場導向的方案，這些都是新自由主義的政策特色。

對此，米爾福德．貝特曼直言，微型貸款的做法就是「將貧窮去政治化」。在微型貸款的視角中，普遍貧窮的社會，以及國際間發展不均等等狀況，不再是政治問題，而是金融服務普及問題、創業問題和市場運作問題。於是我們不需要分析貧窮的成因，也不再尋求政治經濟制度上的根本改變。我們只需要廣發貸款給窮人，他們就會因自行創業成功而順利脫貧。

貧窮金融化

而菲利浦・梅德則在其著作《微型金融的政治經濟學：貧窮金融化》（*The Political Economy of Microfinance: Financializing Poverty offers both*）中，對微型貸款提出了另一個層次的批判。梅德指出，微型貸款將貧窮轉化為金融議題，將窮人帶進金融市場，使得全球性的貧困成為資本積累的新興商機。[28]

他認為，微型貸款在全球鉅富與極端貧窮者之間創造了一種財務關係。舉例而言，如果微軟創辦人比爾・蓋茲出資挹注微型貸款機構，那麼透過微型貸款的機制，比爾・蓋茲將獲得這些借貸窮人們所支付利息的一部分。

這筆金額究竟有多少？梅德從微型金融資料庫MIX中採用二〇一二年的數據計算。在二〇一二年，一共有一千兩百五十七家微型貸款機構提供他們的財務報告，未償還貸款總計為一千零七億美元，平均收益率是二十一・六十四%。他以此為基礎推算其他未提供報告的微貸機構，估計在二〇一二年，全球微型貸款的借款人一共支付了大約兩百一十七億美元的利息給微型貸款機構。

這筆數字並不能直接等同於微型貸款機構，以及投資人所賺取的利潤。畢竟儘管有利可圖，但經營微型貸款機構也需要付出許多成本。同時，也不能直接表示為窮人的「損失」。他認為，這筆錢意謂著全球的窮人在二〇一二這一年，透過勞動賺取的錢當中，支付了兩百一十七億美元給微型貸款機構以及其背後的出資者。

如果試著用這樣的方式繼續往前推估，從最早有資料的一九九五年累積至二〇一二年為止，全球窮人所支付給微型貸款機構的利息總額估計約為一千兩百五十億美元。而因為數據不全，所以這還是非常保守低估的數字。這筆至少一千多億美元的鉅款，不是由窮人拿來改善他們的生活，而是做為利息支付給微貸機構。也順帶地成為微貸機構出資者的投資報酬，其中包括全球鉅富以及商業銀行。

梅德認為，許多研究均指出，微型貸款對改善窮人生活的效果微弱，或是接近為零。生活沒有改善，又還要支付利息。所以我們會發現，微型貸款的真正效用不是扶貧，而是反過來讓錢由貧窮者的手中流向富有者。就是所謂的貧窮金融化效應：透過微型貸款，讓一群人的貧困，成為另一群人賺錢並積累資本的管道。

微型貸款的社企話術

早期的微型貸款，被視為扶貧的政策工具，實施範圍有限，也通常有著各種配套的扶貧措施。但這項政策工具，在後來的發展中，搭上了新自由主義的順風車，商業化營利的微貸模式被大力推崇。其後，在社會企業這個概念開始發展的階段，微型貸款做為社會企業的典範之一，不斷地被讚揚神化，其核心思想就是社會企業奉為圭臬的「以市場力量解決社會問題」。因此，戳破微型貸款的神話，解析微型貸款的推廣話術邏輯，是我們進一步批判檢視社會企業的重要基礎。

平心而論，銀行在整個經濟體系中扮演提供資金的角色，對於經濟發展也發揮一定的作用。但我們恐怕不會反過來說，銀行是產業的救世主，或是銀行從事放款業務是一個道德的公益行為。因為銀行其實也是從放款業務中收取利息，賺取利潤。如果我們不覺得銀行對原本無法申辦信用卡的人，改為發給現金卡，是慈善義舉。那麼貸款給原本無法申貸的窮人，為什麼就是在做好事？沒錯，窮人缺錢，所以我們借錢給窮人，再收點利息（二十%至一〇〇%），就是在「幫助」窮人了嗎？我們會主張經濟發展，提高民眾收入的方式就是廣設銀行，廣發貸款嗎？這種談法，將企業原本在經濟體系中所扮演的社會功能，反過來賦予企業道德光環。例如，宣稱銀行存在的目的是「幫助」需要用錢的人，這是社會企業的經典話術之一。

除此之外，社會企業共通的做法就是將「社會問題商品化」。在商品化中最重要的一點就是要將「社會問題」轉變為特定的「需求」，然後才能在市場中販賣商品以滿足需求。在這個框架中，貧窮這個複雜的社會問題被簡化為「缺乏資金」，而透過金融服務以提供資金的微型貸款，就成為販售給窮人，滿足其資金需求的商品。而在這樣的邏輯下，販售商品以滿足需求就被反過來解讀為「解決問題」。於是，販售越多的商品、借出越多的微型貸款，等於滿足了越多窮人的需求，就相當於解決了越多的貧窮問題。

本章談到這裡，我們可以輕易地看出這類思考的謬誤。實際上，很清楚的道理是，滿足需求不等於解決問題。一個人因貧窮而缺錢，給了他錢，也許滿足了他部分需求，但不等於讓他就此脫離貧窮。市場的作用在於提供商品交易，滿足需求。而當滿足需求和解決問題之間的關聯被視為理所當然、不證自明時，自然會得到市場是解決社會問題良方的結論。這樣的推論過程和結論，正是我們要質疑並挑戰的新自由主義意識形態。

這種意識形態在社會企業領域中，最為系統化的談法，正是我們之前提過的「金字塔底層商機」理論（詳見第8章）。如果說賣商品給窮人，滿足他們需求就是在「幫助」他們。那麼不就應該要大力推廣這種「邊賺錢邊做好事」的社企邏輯？對此，阿諾．卡納尼在〈小額貸款搞錯了方向〉當中質疑這種開發「金字塔底層商機」的思維與做法，他認為將貧窮轉化為商機不僅不道德，也未必對窮人有益。如果說貧民缺乏乾淨的生活用水，金字塔底層商機推廣者可能會提倡賣水給窮人。卡納尼批評，「金字塔底層商機理論掩蓋了一個現實問題：為什麼貧民要接受他們不能獲得自來水這個事實？即使他們已經接受了這個悲觀的現實，我們為什麼要接受？相反，我們更應該強調政府在此方面失敗的責任，並努力試圖去改變。」[29]

包裹糖衣的毒藥

現在看來，尤努斯「信貸是人權」的主張，不免顯得荒謬。我們當然同意，得以溫飽，享有一定生活水準是基本人權。⑩然而，滿足此項基本人權的途徑，為何只能透過金融體系的借貸？如果尤努斯此種偷換概念的說法能夠成立，是否其他企業也可以高呼，「能夠買到可口可樂是人權」、「享受沃爾瑪百貨的服務是人權」？至此，我們再度看到某種新自由主義理路的幽靈徘徊，將企業的自由，市場的自由包裝為「個人的自由」或「權利」，正是其拿手把戲。

而微型貸款就是顆包裹了糖衣的毒藥，以公益理念包裹新自由主義的內核。回顧本章所引用的研究以及案例，還有前述在世界社會論壇中，發展中國家婦女團體對微型貸款的控訴。我們必須質疑將窮人視為商機，賺窮人錢等於做好事這樣的思維與做法，是否真的能夠擺脫貧窮？這是幫助還是掠奪？

或許微型貸款最大的影響，就在於將原本被「排除於金融市場」之外的窮人（尤努斯認為這是種歧視），重新納入金融體系。這十億人，不啻是另一個新興的市場與龐大商機。然而，金融業並非慈善組織，其貪婪逐利的傾向，歷年來造成多起金融危機。如最近的二〇〇七年美國次級房貸風暴，以及後續引發的二〇〇八年金融危機均為如此。如放任微型貸款將債務持續累積在窮人身上，不僅無法有效縮減貧富差距，微型貸款的債務也恐將成為下一顆待爆的金融炸彈。

⑩《世界人權宣言》第二十五條之一：人人有權享受為維持他本人和家屬的健康和福利所需的生活水準，包括食物、衣著、住房、醫療和必要的社會服務；在遭到失業、疾病、殘廢、守寡、衰老或在其他不能控制的情況下喪失謀生能力時，有權享受保障。

第6章

發展中國家：社會企業實驗場

這麼一個充滿創意、讓人眼睛一亮，進而願意掏錢支持的產品，很有可能反而是最浪費、最沒有用、對發展中國家兒童最沒有幫助的選項，這個結果實在諷刺。

全球性的貧富差距以及發展不均，長期以來一直是國際社會關注的重要議題。相較於工商業發達的已開發國家，發展中國家往往在經濟、社會、教育、公共衛生、糧食以及各種基礎建設都有許多努力的空間。也因此，許多非營利組織、慈善團體和社會企業都以解決發展中國家的問題為己任。然而，社會企業所提供的產品或服務，是否能有效解決發展中國家所面臨的問題？既賺錢又做好事的思維能否造福當地的民眾？這些問題的答案恐怕不那麼簡單。

產出電力的酷炫足球

踢足球可以發電!?很酷的點子吧。四位哈佛大學的大學生——潔西卡・林（Jessica Lin）、茱麗亞・希爾文曼（Julia Silverman）、潔西卡・馬修斯（Jessica O. Matthews）和哈瑪莉（Hemali Thakkar），以及研究生阿菲法・裴瑟（Aviva Presser），因有感於發展中國家民眾對電力的需求，加上注意到足球是發展中國家普遍受歡迎的運動，因而發想將這兩者結合為一。[1]

二〇一〇年，他們共同發明了這樣一項創意十足的產品——「發電足球」（Soccket）。發電足球的命名就是足球（soccer）加插座（socket），透過設置在足球內部的發電裝置，發電足球能夠將踢球時的動能轉化為電能儲存。然後透過足球上的USB接口，可以為電燈、風扇、手機等低功率的電器供電。他們在製作的短片中表示，發電足球耐用、防水，此外僅需踢三十分鐘足球，就可以提供三小時的LED電燈照明。[2]讓第三世界發展中國家的小朋友可以白天踢球發電，晚上照明讀書。一方面解決缺電問題，另一方面，也可以取代對環境和健康有害的煤油燈，還能夠鼓勵小朋友多踢足球運動，可說是一舉數得。發電足球在推出後，迅速獲得CNN、BBC、《紐約時報》等媒體關注報導，也獲得了柯林頓全球倡議基金會（Clinton Global Initiative）的資金支持。[3]二〇一一年，幾位發明者共同成立了非特許遊戲（Uncharted Play）公司，而發電足球就是他們的首件商品。他們透過遊說慈善團體或企業購買發電足球，並捐贈至發展中國家社區如南非、坦尚尼亞、墨西哥、哥斯大黎加等等。

二〇一三年二月二十六日，非特許遊戲在知名群眾募資平臺Kickstarter上發起發電足球的募資專案，民眾可以選擇單純捐款支持，或是以八十九美元購買一顆標準的發電足球加上搭配的LED檯燈，或是其他產品的搭配方案。至三月二十八日為止，一個月的募款期內，共有一千零九十四位民眾參與募資計畫，並募到九萬兩千美元，超過原本目標的七萬五千美元。[4]然而，這場看似成功的募資行動，後續發展卻反而透露出非特許遊戲公司的許多問題。

一面倒的網路負評

Kickstarter的募資頁面提供計畫贊助者能夠公開留言的功能，而在發電足球募資頁面的一百多則留言內容當中，絕大多數都是負面反應。其中包括批評球的品質，例如有人抱怨球的充電插座故障、脫落，也有人批評球的表面接合不佳、漏膠，還有人表示踢過幾場球之後，這顆球已經破破爛爛，看起來就像是「用了十五年之久」。而留言當中最大宗的是抱怨遲遲沒有拿到商品。原本非特許遊戲在發電足球募資專頁上承諾的出貨日期是八月十三日，但九月、十月、十一月過去，開始有贊助者留言表示尚未收到發電足球，也沒有接到公司任何的說明和通知。後來有其他贊助者表示，他們收到非特許遊戲寄來的電子郵件，信中告知出貨日期將延後到十二月十四日。然而，到了十二月二十日，贊助者們又收到一封信，通知他們出貨將再度延後，贊助者們將無法於聖誕節前收到發電足球。

一位署名哈羅德（Harold von Gahlen）的贊助者將他十二月十七日收到非特許遊戲公司的回信於留言中公開，信中說明因為供應商遲交關鍵的零組件，同時工廠所處的紐約州近期多次受暴風雪侵襲，以致於影響出貨進度。而好消息是，今天終於開始出貨了，他們已經好幾天不眠不休地工作，以確保每位贊助者都能順利收到發電足球。而到了十二月二十四日，這位哈羅德既失望又憤怒地留言表示，他還是沒有拿到球。直到二〇一四年一月三日，終於有一位贊助者麗沙（Lisa）留言表示自己收到了產品，然而，她原本期待的白色足球變成了綠色、塗裝不完全、表面凹陷。陸續又有幾位贊助者留言反應了類似送錯顏色或品質不良等問題。也有一位署名麥可（Michael Knapp）的贊助者批評球體的USB插槽設計過深，以至於電器用品的USB插頭無法順利插入充電。他直言，這顆球基本上是個垃圾，他原本打算捐贈幾十顆到非洲，如今他已經打消了這個念頭。[5]

而這些一面倒的網路負評並非空穴來風，非特許遊戲團隊在二〇一四年十二月八日於Kickstarter上發出公開信給發電足球專案贊助者。他們承認第一批產品的品質與耐用度不佳，直言自己搞砸了這個贊助專案。最後他們承諾將免費寄發給所有發電足球贊助者全新的，經過改良的發電足球II產品。[6]然而整個二〇一四年，仍然有贊助者留言抱怨沒有收到球，沒有回信。有人則揚言考慮採取法律行動。而倒數第二則留言發表於二〇一五年八月二十六日，還是繼續在抱怨沒有收到非特許遊戲所承諾的新球。這距離他們當初在Kickstarter發起專案時所承諾的出貨日，已經過了兩年之久。看來非特許遊戲這間公司不僅產品本身設計上有待改進，其供應鏈管理、品質控管、物流管理和客戶服務等等環節全都出了問題。那麼，送到第三世界國家的那些足球狀況又如何？真的能如同發電足球產品宣傳所說的，「幫助」第三世界民眾嗎？

墨西哥的發電足球

二〇一三年，非特許遊戲在墨西哥的普埃布拉州（Puebla）發放了一批發電足球，墨西哥最大的電視公司Televisa更在捐贈儀式中捐出一百五十顆發電足球。[7] 一年過後，帶著前述的疑問，美國國際公共廣播新聞（Public Radio International, PRI）記者珍妮佛．柯林斯（Jennifer Collins）前往普埃布拉州了解狀況並撰寫報導。[8]

珍妮佛很快地找到了受贈者之一，十二歲的瑟莉娜（Celina Martinez Lopez）。在她家中，七個人得擠在兩張床上睡覺。夜晚的照明是不適合閱讀的幾盞油燈，而非發電足球所附的LED閱讀燈。瑟莉娜表示，當她拿到發電足球時，她感到非常興奮，因為這顆球真的能點亮燈泡，幫助她在晚上寫作業。然而，這份喜悅只持續了兩天，到了第三天，發電足球上的插座就壞了，於是它再也無法點亮燈泡。珍妮佛另外遇到了六歲的愛德華多（Eduardo Tamaniz Diego），他的發電足球在經過幾個月使用後，內部的設備毀損，外表的球皮也沿著接縫裂開，無法再使用。另外一位十五歲的康瑟希（Concepcion Domingo Diego）的發電足球雖然還能夠使用，但是燈光經常閃爍不定。

珍妮佛表示，她拜訪了十個接受發電足球捐贈的家庭，當中就有八個表示他們的發電足球在幾天或幾個月內就壞了。她進一步指出，在非特許遊戲二〇一二年所提供的產品資訊中，發電足球的預期使用年限是三年。但有兩個在普埃布拉協助發放發電足球的組織發現，在收到捐贈後才過了幾個月，就有三十顆發電足球已經無法再使用。珍妮佛認為，雖然說電器用品難免會故障，但以發電足球的狀況看來，恐怕是產品本身就有瑕疵。

為此，她以電話訪問了非特許遊戲的發起人之一潔西卡．馬修斯（Jessica O. Matthews），潔西卡表示，他們是一間小公司，很難掌握到在數千英哩之外發生的狀況。「我們不是耐吉（Nike），我們不是沃爾瑪（Walmart）。」「我們是一個在紐約公寓裡的八人團隊。」潔西卡強調，他們已經多次修改產品設計，並且將生產線由承包商轉移到自己在紐約州的工廠，盡最大努力以改善產品品質。她表示，將會確保這些受贈者拿到改良過後的商品。潔西卡認為，珍妮佛對非特許遊戲的這些質疑，就像是在攻擊一群試著要做些好事的年輕人，她對此感到遺憾。

發電足球不是第一個被設計透過遊戲來「幫助」發展中國家民眾的產品（恐怕也不會是最後一個）。實際上，早在發電足球發明前幾年，就有一個知名的遊戲幫浦（Play Pump）方案被大力推動。

發展中國家的用水議題

水資源，特別是確保潔淨飲用水，一直是發展中國家重要的公共衛生議題。根據世界衛生組織（World Health Organization, WHO）資料，二〇一五年，全球仍有九%，約六．六十三億人使用未經改善的飲用水源，其中一．五十九億人僅依賴地表水。同時，全球至少有十八億人所使用的飲用水源受糞便汙染。而受到汙染的水可能傳播多種病原體和疾病，例如霍亂、痢疾、傷寒等。不安全的飲用水、環境衛生和手部衛生不佳等因素，導致每年超過八十四．二萬人因腹瀉死亡。ＷＨＯ估計，如果解決這些危險因素，每年可以避免三十六．一萬名五歲以下兒童因此死亡。[9]

確保潔淨飲用水的重要性不僅僅在公共衛生層次。根據聯合國的生命之水（Water for Life）報告，亞洲跟非洲的婦女每天平均要走六公里去取水。有些地區的婦女會頂著二十公升的水在頭上跋涉返家，這可能造成他們頸椎受損。同時，為家庭取水的工作大部分由婦女或兒童負擔，也因此影響了他們工作及求學的時間。[10]

潔淨用水的議題至關重要，聯合國大會也於二〇一〇年七月二十八日，通過第64/292號決議，明確承認清潔飲用水和衛生設施對於人權至關重要。該決議呼籲各國和國際組織提供財政資源，能力建設和技術轉讓，提供各國，特別是發展中國家的所有人民，安全、清潔、便利和可負擔得起的飲用水和衛生設施。[11]

用遊戲汲水的遊戲幫浦

長期以來，許多組織或計畫，均致力於改善發展中國家的用水問題。一九八〇年代，一位南非的鑽井工程技師羅尼．史都福（Ronnie Stuiver）發明了一種創新的地下水取水幫浦。不同於傳統需由取水者手動壓取的幫浦，這種創新的幫浦是由一個大轉盤所驅動取水。大轉盤設計成一種遊戲設備，可由社區或校園內的兒童共同推動，旋轉時可以攀爬或跨坐於其上。其構想為讓孩童可以在轉動轉盤玩遊戲的同時，順道帶動幫浦抽取地下水。抽出的水將儲存於一個高處的水塔中，民眾取水時就可以直接使用水塔流出的儲水，而不需要自己動手操作幫浦，收到一舉數得之效。[12]

在一九八九年南非的一場農業展覽會上，羅尼展出了他的這項發明，而一位廣告公司的主管崔佛．菲爾德（Trevor Field）注意到了這項產品的潛力，就和羅尼合作，將這項產品命名為「遊戲幫浦」（Play Pump），並申請專利、成立「戶外迴轉」（Roundback Out Outdoor）公司，開始生產並推廣遊戲幫浦。一九九四年，遊戲幫浦首次於南非跨祖魯—納塔爾省的兩個偏遠社區安裝，到了一九九七年，發展規模達到二十個社區。[13] 一九九九年，因為南非前總統曼德拉出席一場遊戲幫浦安裝在學校的開幕典禮，使得遊戲幫浦開始獲得媒體關注。二〇〇〇年獲得世界銀行發展市場獎（World Bank Development Marketplace Award），該獎項是頒給具備創新、可持續發展、有發展潛力、有利於發展中國家的產品。[14]

隨後，崔佛他們在南非成立了非營利組織「迴轉水解決方案」（Roundabout Water Solutions），以及在美國成立了「遊戲幫浦國際」（PlayPumps International）非營利組織，開始大力推廣他們的產品。他們將水塔外殼改造成廣告牆，出售廣告以支付幫浦的維護費用。沒有賣出廣告的村子，他們將改為張貼預防愛滋的宣導廣告。一整套遊戲幫浦設備安裝費用僅七千美元，每小時最大抽取量為一千四百公升，水塔容量為兩千五百公升，而每套設備可以為兩千五百人提供日常用水。[15]

二〇〇五年十月，美國公共電視記者艾米．科斯特洛（Amy Costello）報導了遊戲幫浦的計畫，該則報導引發許多關注。[16]在媒體陸續跟進報導下，遊戲幫浦的知名度逐漸攀升，捐款開始湧入。二〇〇六年，在柯林頓全球倡議基金會舉辦的捐款儀式上，遊戲幫浦獲得了一千六百四十萬美元的捐款。知名饒舌歌手Jay-Z也公開捐出四十萬美元。遊戲幫浦的創辦人崔佛，試圖讓遊戲幫浦成為南撒哈拉地區最主要的水資源援助計畫之一。到二〇〇八年，他們安裝的遊戲幫浦總數已經達到一千座。到二〇一〇年之前，還預計要再另外安裝四千座。[17]

不玩就沒水的幫浦

然而，在遊戲幫浦逐漸拓展其應用規模的同時，許多負面評價和問題也一一浮現。聯合國兒童基金會（United Nations International Children's Emergency Fund, UNICEF）在二〇〇七年十月發表了一份針對遊戲幫浦的評估報告，報告中指出，因為遊戲幫浦沒有設計防護措施，以至於一些兒童在玩耍的時候跌落，或是受到撞擊而受傷。而一些學校的學生則表示他們在推動幫浦時很快就累了，然後也開始覺得無聊而停止玩它。[18]

為了掌握遊戲幫浦對社區的實際影響，莫三比克（Mozambique）政府委託了瑞士資源中心及發展諮詢機構（The Swiss Resource Centre and Consultancies for

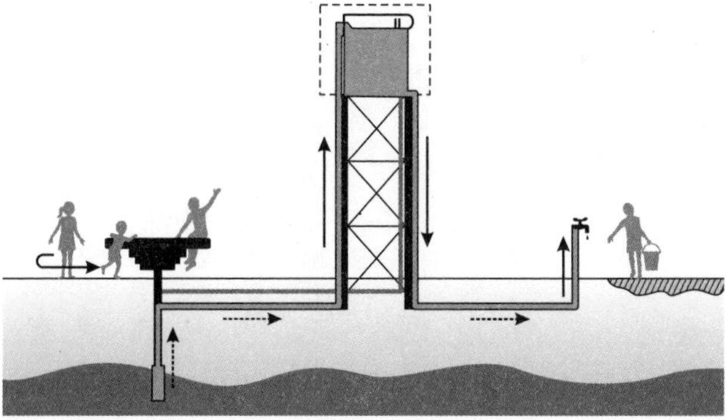

遊戲幫浦的構造

孩童在轉動轉盤玩遊戲的同時，帶動幫浦抽取地下水。抽出的水將儲存於一個高處的水塔，民眾可以使用從水塔流出的儲水。

development, SKAT）從事調查。[19] SKAT也於二〇〇八年四月提供了一份評估報告，詳細地呈現與分析了安裝於莫三比克國內的遊戲幫浦運作情形，以及造成的社會效應。其報告中指出，在他們大部分拜訪的學校中，學生並不常推動遊戲幫浦，他們更常攀爬或坐在上面聊天。而只要調查團隊成員一靠近遊戲幫浦，學生就會迅速一擁而上，開始用力地推動幫浦。[20] 一位加拿大無國界工程師組織的援助工作者歐文・史考特（Owen Scott）也得到了類似的觀察，他說：「每次我去看遊戲幫浦，我都看到一樣的場景，一群婦女和小孩吃力地推動幫浦以取水，我沒有看過任何人在玩幫浦。」「然而，只要一位拿著相機的外國人出現（也就是我），小孩們就會開始興奮地去玩幫浦。在五分鐘內，這個場景看來十分地成功，孩子們在幫浦上面旋轉，同時婦女們可以取水而不用自己推動。」史考特認為，只要自己一離開，一切又會回復原狀。他聽說孩子們平常偶爾會去玩幫浦，但持續時間並不長，遠遠無法填滿水塔。而他認為，這些孩子在外國訪客面前的「表現」，很明顯是理解到這樣做可能會為他們帶來的「好處」。[21]

兒童可能不愛玩遊戲幫浦，即便會玩，也不會連續玩上數個小時。於是實際上，由兒童玩耍就能填滿水塔的狀況幾乎不存在，平常反而是得由婦女們辛苦地推動著幫浦以取水。在SKAT對莫三比克的報告中指出，相較於易於操作的傳統手壓式幫浦，沈重的遊戲幫浦使得婦女的取水效率大幅降低。在安裝遊戲幫浦過後，村中婦女平均每日取水時間由四十七分鐘增加到一百一十四分鐘。[22]

二〇〇五年曾經正面報導遊戲幫浦，促使該計畫獲得公眾關注的美國公共電視記者艾米・科斯特洛。因見到遊戲幫浦後續引發的諸多爭議，於是在二〇一〇年前赴非洲，製作了一系列深入的專題報導，探討遊戲幫浦對安裝社區的真實效應。在其報導中訪談到一位莫三比克婦女分享其使用心得，她說：「我們從凌晨五點開始就在田裡工作，持續做工六個小時，還得走去幫浦那推動它。然後你的手臂開始感到疼痛。舊的手壓式幫浦還比較容易使用。」[23]

推動遊戲幫浦對婦女來說，不僅吃力，也令她們感到分外尷尬，以至於她們總是盡量避免使用它。在UNICEF的報告中，記載贊比亞（Zambia）的一位婦女表示，村子裡的成人甚至會付錢請兒童去推動幫浦。[24]在SKAT的報告中則指出，遊戲幫浦改變了過往婦女們互助合作取水的文化，在調查團隊所拜訪過的所有村子中，她們都看到婦女一個人獨力地，在沒有其他人協助下推著遊戲幫浦。而且她們裝滿自己的水桶後就停止，不會再去幫助其他人。這使得取水工作對那些懷孕的、年長的、行動不便的、生病的婦女們來說，更加是一件苦差事。[25]

設計不良，抽水效率差

二〇〇九年，記者安德魯．錢柏斯（Andrew Chambers）在《衛報》（*The Guardian*）發表了一篇名為〈沒那麼神奇的非洲旋轉盤〉（Africa's not-so-magic roundabout）報導。報導中指出，遊戲幫浦官方表示幫浦有著每小時一千四百公升的最大抽取量，並且每套遊戲幫浦可以滿足兩千五百人的每日用水。然而，如果以具指標性的全球人道援助準則「環球計畫」（Sphere Project）所要求的每日每人十五公升用水量來計算。兒童們每天需要不間斷地「玩」幫浦長達二十七個小時，才有可能滿足兩千五百人的用水需求。而這樣的計算結果看起來十分荒謬。錢柏斯質疑，官方所提出的宣傳說法過於誇大。他認為，比較合理的假設是，如果兒童能不間斷地每天玩滿兩個小時的幫浦，就可以供給兩百人的每日用水。[26] 然而，如同前面提過，兒童「玩幫浦」的頻率和時間似乎不如預期。另一方面，每小時一千四百公升僅是官方所提供的理論上最大抽水量，那麼實際上幫浦的抽水能力如何？

在UNICEF跟SKAT的報告中都提到了遊戲幫浦在設計上的限制，使其抽水磊心上下移動的「衝程」（stroke），比起其他的手壓式幫浦要短。例如莫三比克國內通用的AfriDev手壓式幫浦，其磊心衝程為二十二公分，而遊戲幫浦平均僅為六．五公分，這大大限制了遊戲幫浦理論上的抽水能力。[27] 在SKAT報告中，研究者以每分鐘十六次循環①，磊心直徑五十公釐的相同條件計算，比較遊戲幫浦跟其他手壓式幫浦理論上的取水能力。結果遊戲幫浦以每小時兩百四十五公升敬陪末座，AfriDev手壓式幫浦為每小時八百四十五公升，辛巴威灌木幫浦（Zimbabwe bush pump）則為每小時一千三百公升，均遙遙領先遊戲幫浦。[28]實際上，根據取水井口徑大小的不同，遊戲幫浦安裝時所選擇的磊心直徑也會有所不同，介於五十公釐至一百公釐不等，其每小時理論取水量介於兩百四十五至九百八十公升。然而，無論是哪個數值，都和遊戲幫浦官方所聲稱的每小時一千四百公升有著不小的差距。而這僅僅是計算所得的理論最大值，實際上在運作時，受限於地下水位高度、安裝細節、操作環境等等，真正的抽水量往往還得再打折扣。

抽水效率差、兒童遊玩率低，前述這些因素綜合起來，使得總容量兩千五百公升的水塔並未達到當初設定的目的。無國界工程師組織的史考特，在拜訪馬拉威的一個村莊時，看到一位婦女用著自己全身的重量吃力地推著遊戲幫浦。當幫浦每轉一圈，歐文就聽到水塔裡傳來一陣水聲，然後另一端的出水口才跑出一些水來。他質疑，這

①每分鐘十六次循環是遊戲幫浦製造商，在提供其幫浦抽水能力數據時所使用的計算條件。

樣一來，水塔的設置似乎是畫蛇添足，徒增使用者困擾。他拍攝了一個短片記錄一位成年男性使用遊戲幫浦，花了三分鐘二十七秒裝滿二十公升的水桶。然而，同一位男性使用傳統手壓式幫浦，僅需要二十八秒就能裝滿該水桶。[29][30]

SKAT在莫三比克的報告表示，沒有看到水塔儲存過水。[31]在UNICEF的報告亦指出，贊比亞跟莫三比克的社區中有七十五%的居民表示，他們推動幫浦只為了裝滿自己的水桶，因此水塔裡從未有多餘的水可供使用。[32]這種使用方式表示民眾必須花費多餘的力氣將水打上七公尺高的水塔後才能裝水，這也是為什麼遊戲幫浦相較於手壓式幫浦更難使用的原因之一。

原本打算透過在水塔外牆放置廣告以提供維護經費的設計，也成效不彰。在SKAT和UNICEF的報告中都提到，大量的水塔外牆維持一片空白。原因很簡單，因為對廠商而言，相較於人口密集且高消費力的都市，在鄉村社區投放廣告並沒有什麼效益。而張貼防治愛滋公益訊息的水塔比例也不高。根據UNICEF的評估，大概只有一半左右的水塔外牆有公益訊息。

營運團隊出包，安裝維修問題多

持平而論，遊戲幫浦仍舊有其優點。在UNICEF的報告中曾提到，遊戲幫浦的故障率比手壓式幫浦要低。儘管如此，遊戲幫浦的維修保養工作卻是問題重重。在一份二〇〇九年由援助發展組織WaterAid員工大衛・馬丁（David Martin）所撰寫的遊戲幫浦評估報告中指出，因為遊戲幫浦的結構比手壓式幫浦更複雜，同時又採用自己特殊規格的零件，使得當地民眾沒有能力自行維護修繕，在當地的市場上也無法買到可替換的零件。[33]於是所有遊戲幫浦的維護修理工作，都高度仰賴遊戲幫浦官方所提供的服務。

美國公共電視記者艾米・科斯特洛訪問了一群莫三比克的婦女，她們都是遊戲幫浦的使用者。這些婦女跟艾米抱怨，她們社區中的遊戲幫浦故障已久，已經整整六個月沒有抽取出任何一滴水。這些婦女說，當她們嘗試撥打電話或傳簡訊給維修專線時，並沒有得到任何回應。[34]這樣的情形並非少數個案，許多遊戲幫浦的安裝品質相當粗糙，以致於才安裝了幾個月，幫浦就嚴重鏽蝕或開始漏水。[35]根據SKAT在莫三比克的調查，故障的遊戲幫浦平均需要等待六十天才會被修好。這對於需要用水的社區來說實在過於漫長。[36]在SKAT的紀錄中，還有一起案例是故障了十個月還沒有派人維修，另一起案例則長達十七個月。[37]

品質如此低落的維修服務，其問題源自於遊戲幫浦將其安裝跟維修的工作外包給當地的工程團隊，每個工程團隊負責一百個幫浦，然而卻沒有設計相應的品管制度以確保外包團隊的服務品質。此外，維修的需求是聯繫位於南非約翰尼斯堡

（Johannesburg）的總部，再由總部指派工作給當地外包維修團隊。而安裝或維修所需的零件也得由約翰尼斯堡，花費許多時間千里迢迢地運去。距離造成問題，以馬拉威為例，其首都里朗威（Lilongwe）距離約翰尼斯堡的直線距離遠達一千五百公里，以至於遊戲幫浦總部難以掌握在地社區的實際情形。複雜的聯絡指揮系統，亦使得維修服務的行政效率不彰。根據UNICEF的統計，在贊比亞安裝遊戲幫浦的社區或學校當中，七十五%沒有當地工程團隊的聯絡方式，十四%的社區不知道遊戲幫浦故障時該聯絡誰；而已經有二十五%的遊戲幫浦需要修理。[38] SKAT對所有使用者的調查顯示，六十三%的使用者希望能換回他們原本的手壓式幫浦。[39]

缺乏社區參與，重複投資

但是，什麼是「換回原本的手壓式幫浦」？所以他們原本就已經有手壓式幫浦了嗎？沒錯。當SKAT在莫三比克從事調查的期間，他們記錄了一百個新安裝的遊戲幫浦，當中有二十九個安裝於新開鑿的水井，另外七十一個則是安裝於既有的舊水井上。而原來安裝於這些舊水井上的手壓式幫浦就被一併拆除了。這七十一個手壓式幫浦，其中二十八個已經嚴重故障無法使用；剩下的四十三個則是正常運作，或者僅是輕微故障，是當地社區能夠輕易地自行修理的程度。在莫三比克的兩起案例中，遊戲幫浦的外包工程團隊甚至移除了剛安裝好兩個月，運作良好的全新Afriddev手壓式幫浦。[40]然而，這樣的狀況可能僅算是「特例」。南非開普敦大學的研究員拉斐・博蘭（Ralph Borland）在二〇一〇年曾為了其博士論文研究訪談了遊戲幫浦公司（Roundabout Outdoor）的代表柯林・莫里斯（Colin Morris）。博蘭指出，莫里斯當時表示，「所有的」遊戲幫浦都安裝於既有的水井之上。因此博蘭認為，前述二十九個安裝於新水井的遊戲幫浦僅僅是因為它們是世界食物計畫（World Food Program）和UNICEF的專案，因此「純屬特例」。[41] SKAT報告中也指出，大部分的遊戲幫浦都是安裝於既有的水井上。[42]

另外，在安裝之前，遊戲幫浦團隊並沒有適當地諮詢當地社區的意見。事實上，許多社區對他們舊有的手壓式幫浦並沒有任何不滿。就算遊戲幫浦真的是更優良的取水工具，但遊戲幫浦並沒有提供當地社區知情並選擇的機會。他們的工程團隊往往突然地就來安裝，裝完就走（原本的手壓式幫浦當然也就拆走了）。無國界工程師組織的史考特，於二〇一〇年三月拜訪了馬拉威Chikhwawa區的學校Mikorongo，並訪問其校長、副校長和老師關於校內遊戲幫浦的看法。[43]

問：這個遊戲幫浦是什麼時候安裝的？

答：去年六月。

問：安裝過程如何？校方有要求安裝一個遊戲幫浦嗎？

答：我們本來就已經有一個取水井。

問：然後發生了什麼？

答：原本的取水井正常運作，然後一個組織突然跑來，把原本的幫浦換成遊戲幫浦。

問：他們這麼做之前有問過你們嗎？

答：沒有，他們沒有問過我們。他們就是跑來然後說他們要把原本的幫浦換成遊戲幫浦。他們說政府從南非找來了這些遊戲幫浦，所以要在馬拉威這裡試試看。

問：所以在學校，你們比較喜歡遊戲幫浦還是舊的幫浦？

答：我們比較喜歡以前用的幫浦。

問：為什麼？

答：因為它很快，用起來也比遊戲幫浦容易。

問：孩子們會玩遊戲幫浦嗎？

答：會。

問：孩子們的遊玩能夠裝滿水塔嗎？

答：自從遊戲幫浦安裝好以來，水塔從未裝滿過。

問：舊的幫浦有任何問題嗎？

答：沒有，舊的幫浦沒有任何問題。各方面都很好。只是因為他們說「我們要嘗試這項技術」，而我們學校被選為計畫試用點。

問：安裝後，他們會回來檢查遊戲幫浦嗎？

答：不，他們搞砸了。他們說只要我們遇到問題，可以打電話通知他們。但是有一天我們發現水管破掉了，我們打給他們，但他們沒有來。

問：你們後來如何處理那條水管？

答：我們盡量發揮我們的主動性。

問：所以你們自己修好了它？

答：對。

問：學校附近還有什麼地方可以取水的？

答：沒有，我們沒有。

問：所以如果你們能夠移除遊戲幫浦，並且得到一個新的AfriDev手壓式幫浦，你們比較喜歡哪一個？

答：我們比較想要新的手壓式幫浦。現在這一個，實在太無聊了（對於社區成員使用而言）。它不能良好地運作。因為我們的學生和社區民眾都需要用水，遊戲幫浦所提供的那一點點水量完全不夠用。我們需要一個良好的幫浦以滿足這麼多人的用水需求。此外，我們學校有一個菜園，你可以在裡面種一些蔬菜跟米。但是在安裝了遊戲幫浦之後，我們無法再維持這個菜園。現在它已經乾枯了。

問：所以，因為遊戲幫浦，你們學校裡面現在已經沒有菜園了？

答：對，我們現在的供水有問題。

問：所以，如果你們可以傳訊息給那些安裝遊戲幫浦的人，你們會說什麼？

答：呃，他們不會回應的。呃，此外，應該這麼說，如果他們能收到訊息，我想他們應該過來一趟，然後將遊戲幫浦拆掉，把舊的幫浦裝回來。也許我們會過得比現在好一點。

問：當然。

答：甚至如果其他組織來把這個拆掉，換上其他的系統，例如電動幫浦或是太陽能幫浦，都比現在這個要好。因為他們來這裡然後介紹遊戲幫浦：「這是一個很好的幫浦。」然而對我們來說，我們不知道它這麼的無聊（用起來很慢）。他們其實很早就發現到這個幫浦沒辦法幫我們。現在我們只希望有其他的組織來把它換掉。

答：好吧，這個遊戲幫浦對兒童來說很棒。他們可以在那邊玩，然後抽一些水來自己喝。但是對社區來說，這個幫浦很糟。如果他們可以另外鑽個井，然後把遊戲幫浦裝在那裡，就不會造成任何問題。因為我們的學生會去那邊玩。

> 學生們覺得好玩，但對我們來說，我們就會有取水的麻煩。我們必須花上好幾個小時等人抽出一些水。

Mikoronog學校的案例讓人感到十分荒謬。而UNICEF在報告中指出，在他們所拜訪的贊比亞社區中，六十三%沒有經過適當的諮詢就被安裝了遊戲幫浦。[44] 而SKAT報告則表示，在他們的調查中，沒有一個社區表示他們能夠選擇想要安裝的幫浦類型。[45] 也就是說，要不就是根本沒有問社區意見。或者是就算問了意見，但並沒有除了遊戲幫浦以外的安裝選項，也無法換回原本的手壓式幫浦。

遊戲幫浦的做法招致許多批評，他們並非如捐款者所期待的**「讓沒有辦法取水的社區能取水」**，反而是**「讓已經能取水的社區（強迫）改用自己的產品」**。UNICEF的報告也表示，許多遊戲幫浦的合作夥伴相當不滿其安裝策略，他們認為以遊戲幫浦替換既有的幫浦，是一種過度投資（over-investing）的做法，也浪費了各界所捐贈的善款。FairWater的保羅．畢爾（Paul Beer）在二〇〇九年接受媒體採訪時就表示，他對此感到非常挫折跟沮喪，因為「數百萬美元就這樣被浪費掉」。[46]

而遊戲幫浦的高昂售價也讓合作團體們感到不滿。儘管起初遊戲幫浦官方對外宣稱一套遊戲幫浦供水系統僅需七千美元，但許多捐贈者後來發現，實際的售價遠高於此。而隨著遊戲幫浦知名度提昇，接到越來越多訂單之後，理論上生產跟安裝的成本應該要因經濟規模擴大而下降。但令人費解的是，遊戲幫浦的售價反而水漲船高。UNICEF在報告中指出，原本遊戲幫浦報的售價是六千五百美元。但在兩年之內，就迅速上漲到了一萬四千美元。許多合作團體認為，合理的成本應該在四千五百美元左右，然而遊戲幫浦的官方並未公開解釋價格為何飆漲。[47]

高昂的價格、取水效率的低落，以及使用上的種種問題。對許多從事水資源援助工作的團體來說，另外還有更多比遊戲幫浦更好、更加便宜有效的替代方案。WaterAid的馬丁在其對遊戲幫浦的評估報告中指出，購買一套遊戲幫浦設備所花的錢，可以購買四個手壓式幫浦再附加清潔衛生教育課程。他認為，與其選擇遊戲幫浦，不如將錢拿來設置更多，更分散的手壓式幫浦，可以更有效地滿足社區用水需求。[48]

遊戲幫浦並不解決問題

在各界的批評和壓力下，二〇一〇年三月，遊戲幫浦關閉了美國的「遊戲幫浦國際」非營利組織，並將手中庫存的產品全部捐贈給非營利組織「人民之水」（Water for People）。讓這些遊戲幫浦成為人民之水整體水資源方案中的一部分，可由社區選擇是否安裝使用。[49]而位於南非的非營利組織「迴轉水處理方案」，仍持續運作，收受捐款，維護既有的遊戲幫浦，並推動安裝新的遊戲幫浦。[50]

曾經和遊戲幫浦合作的凱絲基金會（Case Foundation），其創辦人珍．凱絲（Jean Case）於二〇一〇年五月發表一封公開信，反省遊戲幫浦的計畫。她坦承，自己對遊戲幫浦的創意感到驚豔，因而決定參與合作。然而後來的結果證實，遊戲幫浦可能適合學校這類的環境，但並不那麼適合在其他社區裝設。她認為，創新本就是嘗試錯誤的過程，重要的是如何吸收錯誤的經驗，修正錯誤，在未來能夠做得更好。[51]

史丹佛大學商學院教授史岱菲諾．澤尼歐斯（Stefanos Zenios）則認為[52]，遊戲幫浦最根本的問題在於：他們並沒有鎖定真正的需求。對於國際性水資源援助組織來說，設置抽水幫浦早已不再是他們在非洲得處理的主要問題。他們的當務之急包括了融資、保養維修基礎供水設施、改善水質、水資源短缺等等。而遊戲幫浦並沒有企圖要面對這些困難與挑戰。

當發展中國家成為實驗場

不管是設計讓兒童遊戲同時抽水的遊戲幫浦，或者是讓兒童踢足球順便發電的發電足球，他們都試圖以另類的、新奇的、富創意的方式，解決發展中國家民眾在生活中所面臨的問題。而這兩項產品，卻也都遭遇到程度不一的挫敗。我們可以更進一步整理並分析如下。

缺乏製造業經驗的新創公司

一項新產品，從概念發想、成形到量產，中間往往得經歷眾多環節。對於較有規模的公司來說，會有一套制度與工作流程，確保和評估最終產品的可行性、使用者體驗、市場定位、成本控制、定價策略、品質管理等等。對於新創公司或團隊來說，往往欠缺這樣的經驗和流程，以至於容易在上述幾個部分出問題。以發電足球這項產品來說，我們可以發現其出貨延遲的主要原因就在於創辦團隊缺乏製造業的經驗和工作方法，以至於無法訂定並執行合理的出貨目標。同時也無法有效地管理產品的品質，以致於許多客戶收到明顯的瑕疵品。

此外，產品並非售出就好，特別是那些非一次性設計，強調長期使用的產品。其後續的客戶服務、維修保養等等，都是大問題。而對發電足球來說，或許他們沒有考慮到這些可能發生的狀況，又或者是原本就不打算處理。生產發電足球的非特許遊戲公司就坦承，對於一個總部設在紐約的八人小公司來說，他們沒有能力照顧到數千哩之外的情形。自然後續也沒有能力在當地提供維修保養服務，甚至也無法掌握實際的使用情形。類似的狀況也發生在遊戲幫浦身上，相較於發電足球，遊戲幫浦所獲得的資金更多、設置的範圍更大，也更難以掌握各安裝社區的情形，以及提供後續維修保養服務。對此，他們採用的方式是將各地的安裝和維修服務外包給當地的工程團隊。這固然一部分地解決了服務涵蓋範圍的難題，但如何確保外包團隊的服務品質，如何有效率地溝通聯繫，又是另一個需要解決的問題。

同時，我們可以發現一件很弔詭的事情，不論是發電足球對發放社區的「售後不理」，或是遊戲幫浦在不經社區討論同意的情形下就自行拆除舊幫浦，裝上自家產品。他們都宣稱自己的產品是在「幫助」當地民眾。然而他們的做法卻透露出以下傾向：當地民眾的意見、感受以及使用狀況，似乎不是他們關心的重點。

二元市場的社企模式

雖然生產發電足球的非特許遊戲是商業公司，而遊戲幫浦國際是非營利組織。但他們採用類似的商業模式，由購買者（捐款人）付費購買產品，而發展中國家的民眾則是產品的使用者。這種付費者跟使用者分離的二元市場商業模式，帶來了後續的一些問題。

首先，這樣的商業模式，扭曲了市場的回饋機制。一般來說，所謂的「消費者」

一詞，其實包含了「購買者」跟「使用者」兩種角色。在大部分的情況下，產品購買者本身往往就是使用者。因此，消費者對於產品的使用感想，包括價格、品質、實用程度等等，可以透過市場機制回饋給生產者。簡單地說，受到好評的優良產品會繼續長銷，而糟糕的產品就會滯銷。然而，在這種購買者和使用者分開的商業模式中，使用者對於產品的意見無法透過市場機制回饋。也就是說，使用者對產品的評價與好惡，將不會影響產品的銷售數字。

特別是像發電足球跟遊戲幫浦這樣的產品，購買者大多是工業先進國的善心民眾、企業、基金會或慈善團體。他們和產品的最終使用者，發展中國家的民眾，可能相距數千、數萬公里之遙。語言多半不通，也沒有任何社會連帶或是聯繫管道，以至於前述市場回饋失靈的效應將更加明顯。這就解釋了為什麼發電足球對於產品使用者「售後不理」；以及不受社區歡迎，售價高昂的遊戲幫浦為什麼能夠持續銷售。以後者來說，SKAT的調查指出，高達六十三％的遊戲幫浦使用者希望能換回原本使用的手壓式幫浦。我們很難想像，如果是在一般的市場，一個「退貨率」高達六成以上的產品還有辦法持續販售。而這正是市場回饋遭到扭曲後的荒謬現象。

更進一步地說，既然購買者的看法和評價，才是決定產品能否售出的關鍵，那麼生產者就僅需把資源跟心力投注在服務滿足購買者，就可維持甚至提高產品的銷售數字。相對來說，產品的使用者的真實感受就不易受到重視。而使用者既然是無償受贈，不需要負擔產品費用，那麼對於產品的品質容忍度也會較高。試想，如果在前述馬拉威Mikorongo學校設置遊戲幫浦的費用，是由校方以及全體師生、家長共同分攤，那麼他們會願意支付一萬四千美元的鉅款將運作正常的舊幫浦拆掉，換成不太靈光的遊戲幫浦嗎？如果真的花了一大筆錢，發現買來了一個更難用的幫浦，而售後服務也這麼糟糕的話，他們會如訪談中所呈現的消極態度，如此輕易地和廠商善罷甘休嗎？答案恐怕是否定的。

而這些受贈的使用者對產品或服務的提供者來說，另外的重要作用就是提供一些感人的故事，或是幸福開心地使用產品的影像，以滿足購買者「行善」或是「幫助他人」的心理需求。畢竟對於購買者來說，透過產品的生產者傳遞訊息，是他們認識使用者的最主要途徑。而當然不會有任何產品生產者或是服務提供者會主動向客戶揭露其產品或服務的負面訊息。

舉例而言，即便經過了二〇〇七年至二〇一〇年，一連串的研究報告跟報導揭露，遊戲幫浦可說是灰頭土臉，甚至被迫關閉其美國的分部，捐出庫存的設備。但我們在遊戲幫浦南非總部目前的網站上，看到的仍舊只是兒童們快樂地玩著遊戲幫浦的照片，以及對遊戲幫浦產品的宣傳與介紹。當年對遊戲幫浦的各種批評、負面報導以及調查報告，彷彿是「黑歷史」一般地消失於官方「正史」之中。同樣地，發電足球在Kickstarter募資網站上一面倒的負評和質疑，也不會反應在其產品的官方網站，或是對外的產品介紹上。我們並非要指控發電足球生產團隊及遊戲幫浦組織不誠實，或是蓄意欺騙購買者。而是想指出，採用這種產品或服務的購買者和使用者分開的商業模式，就幾乎無可避免地會產生這樣的問題。

如此看來，非特許遊戲公司最大的決策錯誤，恐怕就是在Kickstarter網站上發起募資專案。許多人透過該專案買了發電足球，也許是自用，又或者送給認識的家人朋友，而不是捐贈給毫無關係，遠在天邊需要「幫助」的陌生人。結果驗證了，當購買者同時也是使用者時，他們對產品品質的要求會比較高。而另一方面，他們也更能發揮對產品銷售的影響力，產品的生產者無法輕易地忽視他們的意見。相較於Kickstarter上的強勢消費者，墨西哥普埃布拉州的受贈者們就相對弱勢消極許多。發電足球既不提供他們維修保固，也不會有在地客服人員處理申訴。畢竟他們不是出錢的人，發電足球的「客戶」也不是他們。如果不是美國公共電視記者珍妮佛．柯林斯主動前往當地報導，他們的意見大概不會受到公司重視。

如果說遊戲幫浦真如前述分析，從設計到實際應用上都問題重重，那麼為何他們得以從九〇年代起一直推動這項產品，而無須調整改變？十幾年累積下來，那些設置遊戲幫浦的社區，難道沒有給任何的意見或回饋嗎？可能有，但這些使用者的意見因為不影響銷售，所以對組織來說並不重要。UNCIEF之所以會特別調查遊戲幫浦的使用情形，也是源於他們二〇〇六年起和遊戲幫浦展開了合作計畫，他們因此關心自己的經費是否被妥善運用。莫三比克政府委託ＳＫＡＴ調查遊戲幫浦的原因也是如此。然而，一般的捐款者或購買者，恐怕沒有能力跟資源發起這類的調查工作。

社會企業的宣傳可信嗎？

為了吸引客戶購買，為了拿到捐款、訂單或是合約，社會企業當然會盡可能地呈現自己產品或服務的優點，而避免談論可能的風險、缺點或是執行面上遇到的困難，甚至也可能誇大不實。如果說我們平常對於各種商業廣告充滿戒心，那麼沒有道理因為一些感人的小短片或文案，我們就對社會企業的產品宣傳照單全收。況且，如果說今天某個社會企業宣稱，你所購買的這項產品將可以造福某個遙遠國度貧窮農村中的一戶家庭，那麼他說的是事實，還是廣告？在這種購買者與使用者分離的二元市場模式下，要試圖辨識真偽，對一般的民眾來說近乎是不可能的任務。

平心而論，即便是傳統的慈善機構，或是一般的非營利組織，也都會有類似的問題。捐贈者往往難以得知其捐款是否被善用？非營利組織的各種方案的實際成效如何？然而，跟社會企業相比，因為社企多了營利的動機，以至於其宣傳的可信度應更受質疑。我們對於「做好事」跟「做生意」往往有著不同的判斷標準，對於「做生意」的商業廣告警覺性較高；而對於「做好事」的公益廣告，則比較傾向信任。當社會企業以「做好事同時也做生意」為宗旨運作的時候，他們通常會以做好事來對外宣傳跟包裝，使民眾忽略了社企同時也有營利的面向，應以商業廣告的角度檢視其宣傳文案。

而「營利企業」跟「非營利組織」，雖然同樣都可以銷售商品或服務，但他們之間最根本的差距在於是否能分配盈餘。以企業為組織型態的社會企業②，可將盈餘分配給股東③。而非營利組織則受法規的限制，不能分配盈餘給其創辦人或董事、理事會成員，只能留存為組織資產或是投入到組織業務當中。這就是「營利」與「非營利」之間的分界線。社會企業的定位，挑戰並模糊了營利與非營利之間的界線，隨之帶來了更多信任危機和道德風險。舉例而言，如果發電足球是一個非營利組織所開發的電力援助方案，那麼即便這個方案的成效不彰、有待改進，它仍舊被視為一樁利他的行為。對其最大的批評可能就是「草率」、「粗糙」、「浪費捐款」等等。除非有明

②當然，社會企業的定義尚不明朗，有非常多不同的組織型態都被視為社會企業。這裡我們採用第一章所提的社企定義，也就是以營利企業型態，商業手法來銷售其商品或服務。

③有些國家立法限制某些類型的社企的盈餘分配比例，也有社企自己制定組織章程規定。但一般來說，盈餘是否能分配，依舊是劃分營利與非營利之間的重要依據。

確的指控或證據，不然不會有人懷疑這些捐款被中飽私囊。但是發電足球的生產者，非特許遊戲是一間登記為營利事業的社會企業。他們販售了數以千計的發電足球，而這些販售的收入，在扣除成本之後，剩下的盈餘是可以分配給股東的。既然發電足球的品質不佳，也沒有提供使用者良好的支援與維修服務。我們是否可以說他們廣告不實，販售「黑心商品」賺取暴利，並消費他人的苦難呢？當然，我們目前沒有看到這樣的批評，顯示大部分的人仍舊當他們在「做好事」，而非「做生意」。但這樣的質疑確實有其道理。我們可以再想想，如果非特許遊戲是一間普通的企業，沒有宣稱其「做好事」的意圖，僅僅是販售一款品質不佳，與廣告不實的產品，其受到的批評及消費者的反應，恐怕不會這麼溫和。

企業缺乏可課責性

既然社會企業比起非營利組織還多了營利的動機，那麼其對外的說法或宣傳的可信度就更低，更應受到檢視。然而，企業往往比起非營利組織更不透明，更難以被監督。對外募款的非營利組織及慈善團體，為求取公眾信任，經常會主動將其收支紀錄、財務報表或是年度工作報告等等文件公開在官方網站上。而各國政府往往也會有相關規範，以確保非營利組織及慈善團體不是將各界捐款移作私人用途。以美國為例，符合美國國內稅法501(C)條款，具備減稅資格的組織，必須公開其申請減稅資格的表格和相關文件；同時還包括每年報給國稅局的稅務資料、財務報告等。任何人都可以至國稅局查詢以上文件，或是直接向該組織索取，不得遭拒。[53]國稅局在審查組織減稅資格時，包括審理所有員工、董事成員的個人資料和領取的薪資報酬；高薪員工和組織成員間的親屬關係等等。如果經費的運用和成立宗旨不合，或是管理階層的薪資高得不合理，國稅局也會對組織開罰。[54]以上種種，不管是主動揭露資料，或是被動受到政府監督，非營利組織往往因其公益的定位和性質，透明度較高，大眾也較有問責的空間。

相較於非營利組織被認為需對公眾負責，企業則是往往僅需向股東交待。只有公開上市上櫃的公司，其財務狀況才需要被公開。如果是獨資企業或家族企業，經營者對於經費的使用、人事的任用、生產製造計畫等等，在不違法的範圍內，幾乎不受限制。企業的透明度較低，公眾也沒有太多介入或問責的空間。

而對於社會企業，特別是組織型態為企業類型的社會企業，在營業跟財務方面的透明度通常是向企業看齊的。以發電足球為例，在其官方網站上並沒有公布其財務報告，一般民眾無從得知其銷售狀況、營業額、資產負債等等。知名社會企業Tom's Shoes也是類似情況。當然，作為非公開上市的企業，社會企業沒有必要非得公開其財務報告。非股東的民眾意見，對其經營內容也沒有實質影響。但這樣一來，民眾往往難以檢視其宣稱的公益性如何達成。此外，社會企業標榜的「邊做好事邊賺錢」的概念，在道德上當真沒有可議之處？

在前述的分析中，我們可以看到，發電足球採用的商業模式，其實和一般的公益團體的經營模式無異。（見下圖）

如果說我們認為，一個公益團體其販售商品服務以及勸募而來的款項，應該悉數用於其成立宗旨與使命上，不應該納入董事會成員的口袋。或是質疑公益團體不應花費鉅額資金，在高階管理階層的薪資和福利上。那麼我們又該如何評價以公益作為使命的社會企業其營利的性質？儘管它和慈善團體做的事情類似、商業模式類似，但只要自我宣稱是企業，就可以完全迴避掉以「公益」之名滿足「私利」的道德指控嗎？假如販賣發電足球的利潤豐

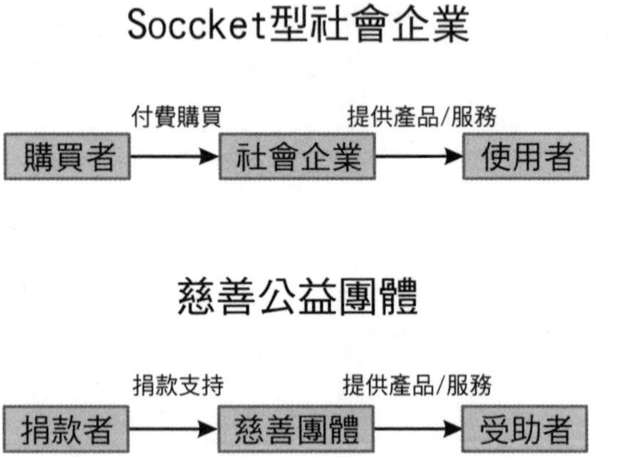

Soccket型社企與一般公益團體的經營模式

厚，淨利潤率高達五成以上，每個大股東都笑得合不攏嘴。這樣的做法真的「足夠公益」嗎？

同樣的質疑，也可以放到遊戲幫浦上。遊戲幫浦本身雖然是非營利組織，但是其購買的設備都是由同一位創辦人崔佛・菲爾德所成立的「戶外迴轉」公司所製作。也就是說，左手（非營利組織）募來的善款，轉眼間就付到自己的右手（製造公司）。雖然缺乏資料了解遊戲幫浦所獲得高達數千萬美元的捐款中，究竟有多少比例是支付給戶外迴轉公司，但這樣的組織關係確實啟人疑竇。也唯有從這樣的角度，才能解釋為何遊戲幫浦設計時不採用規格通用的幫浦零件？為什麼社區不能選擇安裝手壓式幫浦？為什麼遊戲幫浦所有的設備跟零件都要由南非總部生產出貨？以及，為什麼訂單成長之後，遊戲幫浦的售價並未下跌，反而水漲船高，在兩年內由六千五百美元飆升到一萬四千美元？

更進一步講，二〇一〇年遊戲幫浦因為各界批評，所以決定關閉美國分部，並將庫存的遊戲幫浦捐出給援助組織「人民之水」，看起來似乎是某種「引咎關閉」的做法。但如果說戶外迴轉公司才是獲利的重點，那麼在出貨完成後，貨款就已經落入口袋。將這些庫存的遊戲幫浦捐出，對經營者來說不僅沒有損失，反而還省下後續要安裝、處理這些遊戲幫浦的支出。況且，遊戲幫浦的南非總部至今仍舊維持運作，持續推動安裝遊戲幫浦，而這些幫浦來源，當然也還是跟戶外迴轉公司購買，可說是貫徹了「永續經營」的精神。如果說社會企業的基本定義模糊了「營利」與「非營利」之間的界線，那麼對於這樣的「又賺錢又做好事」的手法，就沒有「發苦難財」、「假公益真營利」的倫理問題嗎？

發電足球、遊戲幫浦，均非解方

社會企業推廣者往往標榜「以商業模式解決社會問題」。然而社企所販售的產品或服務，卻未必真是問題的解決之道。以發電足球宣稱要解決的電力問題而言，社區的用電短缺可能是因為缺乏電力基礎設施，例如電力網路不夠普及。又或者是國內的電力供應不夠穩定，難以成為主要的能源選項。也有可能是因為貧窮，負擔不起電費，也無力購買使用電力的設備。這些不同的問題，有著不同的成因，也隨之有著不同的應對方案。很遺憾的是，發電足球這項產品充其量是個有趣的玩具，但完全不是一個有效的電力解決方案。

首先，扣除掉發電足球的品質問題不論，它的發電量實在過於微弱。根據官網資料，踢一小時發電足球可以讓一盞ＬＥＤ小燈泡亮三小時。[55] ④這樣的電量意味著發電足球除了照明之外，沒有其他應用的可能性，沒有辦法成為其他家電的電力來源。雖然其宣傳文案上說，可以透過其ＵＳＢ接口幫手機充電，但這樣的電量對手機使用來說僅僅是杯水車薪。另外，透過踢足球發電的想法有創意，但並不實用。如果一個學生想要每天晚上都使用發電足球點亮燈泡寫作業，他就必須每天風雨無阻地踢上一個小時的足球。如果遇到發電足球電力即將用盡，但還需要照明的狀況下，他得先去踢個一陣子足球，才能回來繼續照明。這樣的使用情景實在荒謬。

事實上，如果需要的僅僅是照明所用的電力，那麼比起發電足球，絕對有其他更好的替代方案。舉例而言，一座手搖式發電機，再搭配可充放電的電池（行動電源），以及LED檯燈，這樣一組設備僅需約三十美元即可從購物網站上買齊。如果是大量購買或生產，其成本還可以壓得更低。就算加上運費、行政處理費用、以及公司的合理利潤等等，恐怕仍舊比一顆八十九美元的發電足球要來得更便宜、更實用且更耐用。而早在二〇一一年，就有公司推出使用太陽能電池的LED檯燈，一天充電量可以照明四小時。重點是，生產成本僅需約八美元。[56]就算太陽能充電量不夠穩定，但其低廉價格跟太陽能設備的耐用度，仍舊相當有吸引力。當然，這些產品跟發電足球相比，可能不夠酷炫，不夠有創意，但恐怕更能幫助到需要的人。

---

④根據其早期的廣告，非特許遊戲宣稱發電足球Soccket的能源轉換率是，踢三十分鐘可以照明三小時。為目前官網資料的兩倍。恐怕在產品宣傳上有「過度樂觀」的問題。

美國的公共廣播新聞記者珍妮佛・柯林斯在其報導中訪問了一位住在墨西哥普埃布拉州的老婦人瑪格麗特・阿羅約（Margarita Mendez Arroyo），她們家裡收到了一顆很快就壞掉的發電足球。阿羅約說：「如果真的想幫助像我們這樣的人，他們應該要幫助我們接上電力。」事實上，在阿羅約一家所居住的社區是有供電的，只是他們無力負擔電費。慈善團體花了六十美元送給他們一顆發電足球，但阿羅約說，這六十美元可以幫助他們接上電，並支付他們家的電費許多年。[57]在二〇一二年時，墨西哥家庭用電一度（一千瓦小時）約為〇・九美元。[58]以發電足球所附的六瓦特ＬＥＤ小檯燈，每天使用四小時的條件計算。二〇一三年在Kickstarter上面購買一顆發電足球所花費的八十九美元，可以讓一個墨西哥學童每天晚上照明長達十年以上，這個長度恐怕遠遠超過發電足球的平均使用年限。⑤也就是說，如果真的想要「幫助」墨西哥的兒童取得夜間照明，與其買發電足球送他們，不如直接拿買發電足球的錢幫他們付電費。這麼一個充滿創意、讓人眼睛一亮，進而願意掏錢支持的產品，很有可能反而是最浪費、最沒有用、對發展中國家兒童最沒有幫助的選項，這個結果實在諷刺。

而遊戲幫浦，不僅是一場災難，甚至可能根本是一場騙局。如同前述史丹佛大學商學院教授史岱菲諾・澤尼歐斯對遊戲幫浦的評論。當前對於非洲水資源援助的挑戰，早已從幫忙挖水井，提供用水，轉移到如何提供「潔淨用水」，永續用水、以及相關的公共衛生知識和設施。主要原因在於，一方面，不是所有社區都能夠鑿井取水，鑿井僅適用於有足夠的地下水資源的地區。另一方面，在多年的援助工作之下，大部分條件適合的地方都已經有取水井了。因此比起新裝幫浦，維護修理既有的舊幫浦反而是更重要的工作。

遊戲幫浦的計畫既不協助改善水質，也不維修舊有幫浦。他們汲汲營營、專心致力於將原本的、功能也許還正常的舊幫浦移除，換上他們獨家技術、更難使用、以及更加昂貴的新遊戲幫浦。很難說在他們的計畫中，究竟實質幫助了誰？就算真有助益，和其花費的數千萬美元相較，恐怕也顯得效益低落。另外的重點是，在整個計畫中，當地社區民眾的意見持續地被忽視，彷彿他們真正的需求和想法無關緊要。

為／讓發展中國家設計

雖然我們前面分析過，在發電足球跟遊戲幫浦的商業模式中，發展中國家的民眾並非出錢的購買者，他們的使用感受並不會直接影響營運收入，以至於在計畫中遭到

⑤非特許遊戲在官網對發電足球Soccket的介紹中並未提及預期使用壽命，也沒有註明保固期。參考Kickstarter上使用者的回饋，如果每天使用的話，其使用壽命應該不超過一年。

忽視。然而，問題也不僅僅如此。許多號稱要「拯救」或是「幫助」發展中國家社區的計畫或產品，經常缺乏當地民眾的參與。彷彿發展中國家的民眾，只需要乖乖接受各種「善意」即可。

設計醫療器材的非營利組織D-REV，其執行長克麗絲塔·唐諾森（Krista Donaldson），具備豐富國際發展工作經驗，以及產品設計工程背景。她在二〇〇八年發表〈為何要擔心「為發展中國家設計」〉一文[59]，她指出，報章雜誌經常充斥著以下的類似故事：

> 一名善良的西方年輕人（通常是白人、通常是男性）拜訪了一個貧窮的國家，震驚於他所看到的狀況，然後他回家，設計了一個解決方案（或產品）。接著他成立一個NGO，然後帶著他的解決方案來到這個貧窮的國家。文章中會附上一張照片，裡面有一位看起來很窮的使用者，在黑暗的小屋中，或是在艷陽高照長灌木叢的泥土地上和產品開心合照。
>
> 文章中通常會提供標準的背景資訊，介紹這項新產品的發展潛力。（改善家庭收入、增加社區健康、改善兒童教育等等）伴隨著聯合國官員對該產品的評價。最後，文章描繪出一個未來將於多國推廣的大規模計畫，然後做出充滿希望的結論。

唐諾森指出，這些產品似乎不需要調查使用者的需求，也不需要做市場測試就可以直接推出。結果就是，這些立意良善的產品，在經歷短暫的蜜月期之後，多半以失敗坐收。絕大部分都沒有產生長期的、持續性的正面效應。她認為，這些「為」發展中國家設計的產品，通常是遙遠的高度工業化西方國家設計者，以自己的想像和所處的社會環境打造而出。因為缺乏對當地社會的理解，以及無法符合低度工業化國家的客觀條件，使得這些產品往往只能發揮短期效果。她批評這類「技術中心導向」的設計思維，可能會設計出一些讓人眼睛一亮，或是看來很酷炫的產品，但對發展中國家民眾的幫助有限，往往會因為缺乏適合使用的條件、當地也沒有相關的維修技術支持而告終。

她舉例，在肯亞工作時，一位外籍同事正在測試當地民眾對於一款載貨腳踏車的使用體驗，結果那位使用者說：「如果我買了這輛腳踏車，你可以得到好處。但腳踏車壞掉的時候，你已經回國了。而我呢？只能夠跟這輛腳踏車一起困在這裡。」唐諾森表示，有效的、可預期的長期影響不僅僅是賣產品，而是包括了如何提昇當地的能力、技術、知識和經驗。能夠培養出發展中國家自己的專家，他們就可以在自己社會的脈絡當中，滿足他們自己的需求和解決問題。她強調，這就是「為」發展中國家設計，和「讓」發展中國家設計的不同。而後者往往才能夠帶來更長期有效的改變。

在迦納從事太陽能光電產業的休斯・瓦倫（Hugh Whalan）也於二〇一四年撰文

表示，發展中國家並不需要有人再開發什麼特別的、創新的產品以改善他們的生活，市場上早已充斥著各種產品可以滿足他們需求。然而非洲地廣人稀是一個普遍的問題，產品或服務很難接觸到這些需要的群眾，同時產品高昂的運輸成本又會反映在售價上。英國政府二〇一一年公布的一份貿易投資報告指出，運輸及供應鍊成本約占非洲商品售價的七十五%。[60]瓦倫認為，這樣的比例或許有些高估，但以自己的經驗來說，一項在中國製造的十美元商品，在非洲村莊的售價往往是二十五美元至三十美元以上。他認為，在非洲，任何沒有考慮運輸、銷售和後續維修問題的產品，完全可以預期，最終都將以失敗收場，例如遊戲幫浦或是發電足球。[61]

「社會問題商品化」帶來的問題

以發電足球跟遊戲幫浦的案例，我們在本章探討了幾個不同層次的問題。包括產品本身的設計、製造的品質、社會企業自我宣傳的可信度、社會企業的透明度與可課責性、使用者與購買者分離的二元市場問題、「為」發展中國家設計的問題等等。對於社會企業的推廣者來說，這些問題並不難回答，不會動搖到他們對社會企業堅定不移的信心。

產品設計不良，那就記取教訓，以後設計出更好的產品。製造良率不佳，這是新創事業常有的狀況，可以透過吸收經驗改進。社會企業不夠透明？難以課責？那我們就來推動社會企業要更透明更負責，或者設計第三方的監督評估機制。不論實質上能做到多少，或是社會企業在營利的動機與壓力下，多少程度上能達到「又賺錢又做好事」。前述的種種問題或質疑，大致都能夠被歸類為得記取教訓的少數失敗個案，或是整體社企制度需要改善的方向。彷彿認定了社會企業儘管不夠完美，有待改進，但仍舊不證自明地是解決社會問題的最佳方法。因此我們必須直指社會企業最核心的概念之一，「將社會問題商品化」所帶來的問題。

市場潛力掛帥

社會企業標榜以市場，或是以商業手段解決社會問題。簡單地說，就是販售其產品或是服務，並宣稱透過購買其產品和服務，可以解決社會問題。在這個過程中，社會企業的創辦者們首先得在概念上將社會議題「商品化」，將抽象或複雜的社會問題轉化為特定需求，再設計出具體可販售的產品滿足需求。舉例來說，發電足球就是將發展中國家較為貧窮的社區，學童晚間閱讀的照明問題，轉化為電力需求，再設計出發電足球。透過踢足球發電，滿足電力需求，讓學童晚上可以使用檯燈閱讀寫作業。

這裡我們可以發現到「將社會問題商品化」所產生的第一個問題：能夠商品化的方案，不見得是最好的方案，而是最有商業潛力的方案。反過來說，當社會企業創辦人在評估要推出怎樣的產品或服務時，最主要的考量必然是市場反應，而效果考量往往就變成其次。在前述對發電足球的分析中，我們提到過，不管是手搖式發電機組，或者是直接替受助家庭支付電費，恐怕都能更好地滿足學童夜間照明的需求。然而我們也可以理解到，這兩個選項對購買者（捐贈者）來說，吸引力遠遠比不上充滿創意的酷炫發電足球。類似的狀況也發生在遊戲幫浦身上。

而正因為選擇了更具有商業潛力，而非更適合的方案。社會企業對於其販售的產品，和所宣稱要解決的社會問題之間的關聯性，經常變得更加曖昧不清。因此需要透過包裝產品和宣傳，讓購買者相信其產品為解決問題的最佳途徑。在這個過程中，社會企業往往不是讓民眾認識到社會問題的複雜性，而是訴諸簡單的信念，只要透過購買、消費，就可以解決問題。不要問、不要想，也不要質疑，更不要思考其他的選項。只要相信，然後掏出腰包，就可以拯救世界。

以遊戲幫浦來說，他們在其官網上引述了聯合國及一些權威組織關於全球水資源的問題，然而，那些資料中更多強調的是取得清潔用水的重要性。這跟取水幫浦之間的關聯性相對薄弱，但他們巧妙地將缺乏清潔用水的問題轉換成缺乏用水（即便他們是把可用的舊幫浦拆掉換成遊戲幫浦），然後搭配一些兒童面帶笑容推動幫浦的照片，就能說服捐款者掏錢支持。在這個過程中，捐款者對於發展中國家水資源的問題，只得到非常表面的理解，而遊戲幫浦彷彿是萬靈丹，不需調查當地社區的狀況、居民的真實需求，可以輕易地在不同地方即插即用。我們在發電足球官網上也完全看不到對於各社區電力短缺的問題分析，沒有評估、沒有調查、沒有資料、也沒有不同方案間的比較。只有一顆創意十足，號稱可以解決問題的發電足球。

滿足需求不等於解決問題

在將社會問題轉化為需求的這個商品化階段，所產生的另一個問題就是：滿足需求不等於解決問題。以我們在前面章節介紹過，社會企業的典範之一——微型貸款為例，微型貸款將貧窮問題轉化為「缺乏資金」，因此販售微型貸款以滿足資金需求。依照其邏輯，借出越多的貸款，就代表滿足越多需求，也相當於解決更多貧窮問題。其結果我們也很清楚，微型貸款沒有解決貧窮，放貸機構在賺取利息的同時，也在窮人身上積累了更多債務。

為了協助改善發展中國家民眾的水資源衛生，許多人或組織發明了各種產品。例如二〇〇六年由一間瑞士公司所發明的「生命吸管」（LifeStraw），在一根粗大的塑膠製吸管中填充過濾材料，標榜可以過濾掉水中絕大部分的雜質、細菌與病毒⑥，因此使用者可以直接拿生命吸管插進未淨化的水中直接以口吸取飲用。[62]另外也有一間「水是生命」（Water is Life）的非營利組織為發展中國家開發了「可以喝的書」（Drinkable Water），透過將特製的濾紙製作成書本，讓使用者可以在需要的時候過濾用水。除了濾去雜質之外，濾紙上的奈米銀離子成分還可以殺菌。[63]我們先姑且不論以上這兩項產品本身各自在使用上的種種問題⑦。這類號稱要拯救發展中國家民眾的產品一直以來可說是絡繹不絕，其做法也都類似。以前述的過濾水產品來說，他們將缺乏潔淨用水的問題，轉化為對於飲用水的需求，然後開發產品滿足此需求。

然而問題在於，潔淨用水的需求其實不僅止於飲用水，各種生活用水方面、包括沐浴、洗衣、烹飪、洗手等等都跟公共衛生和健康議題有關，都需要確保用水的潔淨。然後我們發現，這些強調提供潔淨飲用水的產品，難以滿足其他生活用水的面向。難道發展中國家民眾得先用生命吸管將水吸起含在口中，然後吐出來，重複操作直到裝滿水缸後才能夠洗衣、沐浴跟烹飪嗎？而使用可以喝的書的濾紙來過濾，又需要多久的操作？還是我們得繼續開發能夠滿足潔淨洗衣用水需求的產品、潔淨烹飪用水需求的產品、以及潔淨沐浴需求的產品？這整件事的荒謬之處在於，缺乏潔淨用水對於生活整體的影響，被拆成一個個獨立的需求，對應各自的產品。然而這些各自的商品拼湊起來，卻得不到一個潔淨用水的完整答案。就如同貧窮議題被簡化為個人缺乏資金，然後發展微型貸款作為商品以「解決貧窮」一樣的荒謬。

事實上，我們可以發現，不管是生命吸管也好，可以喝的書也罷，或許他們一定程度滿足了潔淨飲用水的需求，但並沒有真正解決問題。試想，為何潔淨生活用水對於已發展國家的民眾而言不是一個需要如此念茲在茲的問題？答案很清楚，因為已發展國家絕大部分都建立了一套有效的公共給水系統，確保了日常用水的基本品質，甚至有些國家的自來水達到了飲用水標準，可以直接飲用。如果說今天臺北市的自來水品質嚴重惡化，使用者健康風險大增，我們會認為每戶自行添購安裝淨水器是在「解決社會問題」嗎？如果有一間公司趁機推銷淨水器，宣稱只要每一戶都安裝他們的淨水器，用水安全的問題就被解決了。這樣的說法有說服力嗎？又或者，如果說有一個位於偏遠山區的社區，因為尚未接通自來水管線，所以當地居民都是取用附近的溪水，而該區溪流又被判定有汙染風險，那麼我們會發起活動，募款幫他們每一戶都安裝免費的淨水器，然後宣稱這樣是解決問題嗎？答案恐怕都是否定的。然而，這些做

---

⑥ LifeStraw系列商品眾多，家庭使用的LifeStraw濾水器號稱可以過濾掉病毒，但個人使用的LifeStraw只能夠過濾雜質、細菌跟微生物。主因為病毒的體型小於個人版的濾材孔隙尺寸。

⑦「生命吸管」因用途極為侷限，同時也只能在有水源之處使用，因此被批評為華而不實。而「可以喝的書」則被質疑濾紙的過濾效果有限，實際使用情形不像廣告所宣稱的如此神奇。

法不就是打著社會企業名號，以販售產品等商業手段「解決社會問題」的組織在做的事情嗎？如果在臺北裝淨水器不算是解決清潔用水的問題，那為什麼在非洲、南亞或是其他的發展中國家，就算是解決了他們的問題？

世界衛生組織（ＷＨＯ）在其「水安全計畫」（Water Safety Plans）的介紹文件中指出[64]，用水安全的風險管理環節包括了水體的選擇、採集、淨化、配送、儲存到使用，當中任何一個環節出問題，都會增加用水的健康風險，並使得其他環節的工作功虧一簣。例如，使用不潔的容器承裝乾淨的水。而其中最重要的環節就是確保採集水體的品質。ＷＨＯ在另一份「避免用水感染疾病」（Preventing waterborne disease）的文件中提到如何確保飲用水安全時，也強調首要工作就是避免源水遭到汙染[65]。而只要整個給水系統能順利運作，民眾就能夠免於大部分的疾病跟化學物質中毒的威脅。事實上，如果水體遭受嚴重汙染，後續不論淨化或過濾，能處理的效果有限，且成本高昂，因此世界各國的供水系統均認為確保源水不受汙染是第一要務。而在ＷＨＯ的水安全計畫中，提供了不同的風險管理模式和水質監測方案，以適應從都市到鄉村等不同的需求。針對地方社區，亦提供社區能夠自行管理的小型水質監控方案。

此外，水質的淨化包括兩部分，過濾與消毒。致力於改善全球兒童營養的組織「孤兒營養」（Orphan Nutrition）於其網頁中指出，將水煮沸是提供安全飲用水最可靠的方式。因為煮沸可殺死水中的細菌、病毒及病原體。[66]而WHO也在其《飲用水水質準則》中表示，將水煮沸是消滅致病病原體最有效的方法。[67]也就是說，如果能確保來源的水體沒有遭到化學物質汙染，那麼僅需簡單的過濾掉泥沙及雜質後，再經過煮沸，就是安全的飲用水了。這樣的做法，對於發展中國家民眾來說，似乎遠比添購前述那些濾水設備還要來得可行，且成本低廉許多。當然，推廣將水煮沸的做法看起來並不酷炫，缺乏創意，恐怕也不具備什麼商機。

我們可以看到，從問題分析，到試圖解決問題。相較於WHO以及其餘長期致力於改善發展中國家水資源問題的組織，那些主張透過購買或捐贈濾水器就可以「解決問題」的說法，不僅簡化了這個複雜的議題，也並不導向更根本長期的解決之道。

商業永續　問題長存

這種訴諸個人消費的做法，其侷限十分明顯。即便許多人透過購買或收到捐贈的淨水器，不論是生命吸管或是可以喝的書，而得以有品質較佳的飲用水。但源水水質或是給水系統的問題還是存在，並沒有獲得解決。然而，這類社會企業的問題不僅僅於此。

我們再試想，既然淨水器的市場需求來自於源水水質不佳，或者是給水系統的某些環節出問題。如果改善了源水的水質，或是解決了給水系統的問題癥結，淨水器不就失去了其銷售市場嗎？更進一步說，既然淨水器的市場需求持續存在的關鍵因素，正是因為水質不佳或是給水系統的問題持續存在。那麼，我們會預期一間宣稱要透過販售淨水器以解決飲用水問題的社會企業，會著手改善水質或給水系統的問題嗎？他們會期待這些問題真的獲得大幅改善，使得他們的產品失去市場而關門大吉嗎？

我並非要訴諸陰謀論，或是以小人之心度君子之腹。而是要指出，這類透過將社會問題商品化的社會企業模式，最終都會面臨到以下的核心爭議：所謂的社會問題是什麼？怎樣才叫做解決社會問題？透過商品化的做法，真的能夠解決問題嗎？

事實上，我們可以發現，許多宣稱要幫助發展中國家的社會企業，其產品銷售的市場基礎往往來自於該國基礎建設不足、公共服務不彰、社會制度殘缺的現況。例如某個社區生活所仰賴的河流，遭到上游工廠排放廢水汙染；或是因缺乏衛生知識或相關設施，遭到排泄物汙染；還是因為缺乏有效的、社區可運作的公共給水系統，以至於民眾只能直接取河水使用，無法預先消毒或淨化。這些都可能是造成該社區飲用水健康風險高的原因。不處理，也不說明這些更為深層或直接的問題，只強調消費其淨水產品就能夠拯救眾生，不僅有避重就輕，誤導民眾之嫌，這樣的商業手法恐怕也有倫理爭議。

對於任何一個組織而言，原本就有維持組織存續的壓力。對於企業來說，更有賺取利潤，增長營收、擴大市場的內在動力。而社會企業當然也不自外於這樣的壓力與動力。因此，如果一個社會企業選擇了前述這種將社會問題商品化的商業模式，那麼很可能就要面對以下這兩組相互矛盾的命題：如果社會問題獲得解決，對自己產品的需求也將消失。但為了組織的存續，或是為了獲利的動機，都需要更多地銷售自己的產品。這就是前述所謂的，滿足需求不等於解決問題。如果社會企業不自我標榜是在解決社會問題，而是單純定義自己就如同其他淨水器廠商一樣，販售產品以滿足民眾對潔淨飲用水的需求，那麼其作為跟宗旨就沒有矛盾之處。否則，就得面臨如果要追求其產品的商業永續，就相當於依賴該社會問題的長存不滅。

新自由主義邏輯：公共化vs.市場化

起源於上個世紀七〇年代的新自由主義思想（neoliberalism），是一套推崇自由市場、自由貿易，推動公共事業私有化，以及去管制化的政治經濟意識形態。反映在公共政策上，新自由主義的支持者往往主張要讓市場力量解決社會問題。他們往往抨擊各種公營事業的效率不彰，主張私有化（所謂民營化），讓更有效率的民間企業來提供公共服務。這樣的主張極富爭議性。批評者認為，這樣的做法不過是將公共資產賤賣給私人財團，讓重要的公共服務成為企業營利管道，犧牲人民福祉。

在前面的章節，我們處理過社會企業的新自由主義背景。在本章所討論的案例中，我們再度看到，社會企業核心的概念之一：社會問題的商品化；和新自由主義所主張的「市場力量解決社會問題」，可說是一脈相承。發展中國家社會所遇到的許多問題，例如本章所提到的清潔用水問題，存在著許多可能的解決方案。然而社會企業往往傾向將公共服務缺漏不足之處，視為潛在商機，熱切地想要開發產品以「邊做好事邊賺錢」，而非探討該社會問題是否存在更好、更根本的解決之道。這種商業模式先行，市場力量至上的思維，恰恰就是新自由主義的邏輯。也是我們必須不斷地挑戰、質疑和對抗的想法。

小結

在本章，我們從兩個失敗的社會企業案例談起，從產品本身的缺陷開始，到探討為發展中國家設計的問題。接著談到二元市場商業模式所導致的問題。最終指向社會企業核心概念之一的社會問題商品化，以及社會企業的新自由主義思維。

我們從產品、商業模式、核心概念到意識形態這幾個不同的層次分析，逐步拉高對社會企業的批判概念。希望這樣的安排能使讀者逐步地理解本書對社會企業的批判理路。在後續兩章，我們將先來看「貧窮旅遊」及「體驗型社會企業」的案例，接著探討社會企業另一個核心概念：「金字塔底層商機」的問題，以及其帶來的各種影響。

第7章

貧窮旅遊與體驗型社會企業

旁觀他人的痛苦是為了記取教訓，還是滿足我們內心窺伺的邪淫趣味？

肯亞的非營利組織「社區發展希望」（Shining Hope for Communities）創辦人甘迺迪・奧德德（Kennedy Odede），二〇一〇年在《紐約時報》的版面中，分享了他在肯亞（Kenya）貧民窟基貝拉（Kibera）的故事：

> 當我十六歲時，我第一次認識到貧窮旅遊是怎麼回事。當時我在我那一百平方英呎的小屋外面洗碗，然後飢渴地看著這些餐具，因為我已經兩天沒有吃飯了。突然間，一位白人婦女拍下了我的照片。我感覺自己就像是一隻被關在籠中的老虎。在我來得及說些什麼之前，她就已經離開了。
>
> 到了我十八歲時，我創立了一個為基貝拉（Kibera）居民提供教育、健康和經濟服務的組織。當時，一位希臘來的女性紀錄片導演正在參觀我的工作內容。當我們穿過街道時，我們經過了一位公然便溺的老人。那個女人拿出她的攝影機，然後跟她的助手說：「喔，你快看看這個。」[1]

奧德德的故事在當時帶來了眾多迴響，也讓許多人開始注意到「貧民窟旅遊」（slum tourism）或稱「貧窮旅遊」（poverty tourism）的議題。根據學者追溯，貧窮旅遊的風氣起源於十九世紀的英國，當時在資本主義發展下，城市裡面開始出現了低階層勞工、貧民或是遊民群居的區域。不論是出自於好奇、獵奇或是帶著宗教情懷的慈善動機，英國上流社會的菁英與貴族們，開始興起了一波參觀貧民生活的潮流。到了一八八〇年代，這樣的做法被英國遊客帶到美國，他們舉辦了一些參觀紐約、芝加哥或是舊金山貧民區的行程。而當前我們所談論的貧窮旅遊型態的濫觴，則是一九九〇年代的南非（South Africa）。在種族隔離制度廢除之後，許多遊客來到南非想要參觀種族隔離的城鎮，以及拜訪運動領袖曼德拉（Mandela）的住處。

如今，貧窮旅遊正在成為一個蓬勃發展的另類旅遊產業。根據旅遊業者組織的資料估計，二〇一四年全球有超過一百萬名遊客參觀了貧民區或貧民窟。[2]「關注旅遊」（Tourism Concern）組織的總裁馬克・沃森（Mark Watson）表示，每年約有四萬名遊客拜訪巴西里約熱內盧（Rio de Janeiro）的貧民窟。而在南非，每年約有三十萬人拜訪開普敦（Cape Town）的鄉鎮；每天有上千人參觀位於首都約翰尼斯堡（Johannesburg）郊區的知名貧民區索維托（Soweto）。印度的達拉維（Dharavi）、肯亞的基貝拉等等，都有旅遊業者提供貧窮旅遊的行程。其中有些方案還包括了食宿，可以讓遊客在貧民窟度過一兩個晚上。[3]

貧窮旅遊的爭議

貧窮旅遊的型態帶來許多爭議。支持者認為，旅客總是會在當地消費，例如購買食物或是紀念品，因此有助於增加居民的收入與工作機會。即便是外來的商業公司規劃的行程，遊客所繳交的團費還是因此會有一小部分流到居民手上。因此貧窮旅遊在經濟層面上對當地居民有益。而在社會層面上，在當地民眾一同參與的狀況下，居民們可以訓練自己和外界互動的能力，也可以藉此將社區的文化或能量傳遞出去。這對於居民來說也是一種「培力」的途徑。對於來訪的遊客，他們透過親眼目睹、親身體驗，甚至和當地居民的互動，可以更多地認識社區歷史和現況，改變對貧窮的刻板印象。甚至還有可能會為貧窮議題貢獻自己的一份心力。而透過更多國際訪客來到貧民窟，也可以讓該國政府感受到更多改善貧民處境的壓力。

另一方面，質疑或批評的聲浪也不小。反對者認為，貧窮旅遊讓當地居民像是動物園中的動物一樣被獵奇觀賞。同時，遊客長驅直入他們的社區，甚至踏進他們的住處，對著居民或環境猛拍照，都是侵害居民隱私的行為。加拿大安大略的布洛克大學（Brock University）旅遊與環境系教授大衛．芬內爾（David Fennell）就質疑，「你希望讓人們每隔一兩天就停在你家門外拍照，然後觀察你的生活嗎？」他認為，貧窮旅遊只是旅遊業發現了另一個利基市場，而真正的目的是讓西方遊客對自己的生活感到更加滿足。「這讓我內心肯定了我有多幸運，而這些人有多麼不幸。」他說。[4]

此外，批評者也認為，貧窮旅遊經常扭曲了貧窮的樣貌，要不就是迎合遊客的刻板印象；要不就是過度美化、浪漫化貧窮的生活，或是只呈現正面積極的形象。而遊客通常也並不想深入地認識貧窮問題，對於和當地民眾互動興趣缺缺。他們多半只是想在短短幾個小時的行程中拍照留念，證明自己到此一遊，或是拿來和親友炫耀自己的特殊體驗。

對於地方經濟的影響，恐怕也不如想像中美好。英國萊斯特大學（University of Leicester）組織政治經濟學講師，同時也是《看見貧民窟》（*Slumming it*）一書的作者——法比安．弗瑞澤（Fabian Frenzel）就指出，一方面，貧民窟居民最終從遊客手中拿到的錢非常地少。另一方面，這些錢與處理全球性不平等所需要的資源相比較，可以說是微不足道。[5]在「關注旅遊」組織針對貧窮旅遊議題所製作的報告中則表示，如果是外來的團體或旅行社舉辦的活動，當地民眾可能很難從中獲益。但即便是當地的團體，或是地方居民自行開設的公司，也經常是由既有的地方派系所把持掌控，這些錢很可能大多還是流向了貧民窟中的毒販或幫派分子。[6]

貧窮旅遊守則

在這些爭論當中，不意外地，旅遊業者、地方團體工作者或者是旅遊社會企業的經營者們往往傾向正面肯定貧窮旅遊的意義與影響力。而知識分子或學者許多站在反面。貧民窟居民的看法則是相當紛雜，並不一致。儘管我們知道貧窮旅遊所帶來的各種問題與風險，但確實許多社區工作者，或是社區營造團體舉辦社區導覽活動，帶著外來的訪客進入到社區當中，其中不乏比較貧窮，或是原住民等弱勢群體的社區。難道這種做法真的完全不可取？還是在一定的條件下，參訪貧民窟確實可行？身為一名遊客，該如何判斷？

在「關注旅遊」組織二〇一六年所發表的《貧窮旅遊：幫助對抗貧窮，或是窺視剝削？》報告中，他們給想要參加貧窮旅遊的旅客以下建議：[7]

- 確認自己參觀的目的。
- 事先認識社區的歷史。
- 盡量選擇由當地居民或社區組織經營的旅行團。
- 並確認該組織對社區的回饋機制。
- 選擇人數少的旅行團，以減少對當地居民的打擾。

- 選擇步行的方案，而不是搭車。
- 閱讀旅行團的文宣，注意他們形容當地居民的方式是否帶著刻板印象或是惡意。詳細閱讀旅行團的說明，裡面應該要教導遊客如何得體地和當地居民互動。
- 最好是不要拍照，但很難阻止遊客這麼做。至少拍照前要取得對方的同意，事後可以將照片透過信件或email分享給對方。
- 不論是買紀念品或是飲食，在當地消費是好事。
- 可以考慮捐款給當地的非營利組織。
- 了解導遊或參與旅行團的當地居民是否拿到公平的薪資。此外，在參訪結束後也可以給導遊小費。
- 大部分的旅行團都會安排拜訪至少一位當地居民的住處，確認他們是否獲得了相應的補償。
- 注意旅行團的工作人員是否樂於和當地居民互動，接受他們的意見回饋。

當然，能夠完全符合前述這些條件的旅遊方案恐怕並不多。況且，只要有需求，就會有市場。因此實際上也根本不可能禁止貧窮旅遊。此外，隨著這項產業的發展，越來越多的貧窮旅遊興起。一方面，當地居民未必真能從中獲得多少好處；另一方面，很可能還會給當地社區帶來一些意料之外的負面效應。

孤兒院公益旅行釀災

以柬埔寨近年的「孤兒院公益旅行」為例。近年來，參訪柬埔寨的孤兒院已經成為當地的熱門旅遊行程之一。同時，許多國外的年輕人也選擇以「志工旅行」的方式，到柬埔寨孤兒院擔任志工。這些都使得在柬埔寨經營孤兒院，逐漸成為一筆有利可圖的生意，也因此產生了一些扭曲的現象。首先，經歷一九七〇年代「赤色高棉」之後，柬埔寨的社會經濟狀況都逐漸獲得改善。理論上全國失去父母、流離失所的孤兒應該要越來越少。但根據聯合國兒童基金會（UNICEF）在二〇一一年公布的報告中指出，二〇〇五年至二〇一〇年，六年之間，柬埔寨的孤兒院數量成長了七十五%。近一萬兩千名兒童生活在兩百六十九所孤兒院當中，其中只有二十一所是公營，兩百四十八所為私營。另外也有人指出，沒有登記在案的孤兒院其實數量更多。當中許多兒童其實不能算是孤兒，四十四%的院童是由自己父母或家人送到孤兒院，而只有二十八%的院童失去雙親。[8]柬埔寨當地的非營利組織「友伴國際」（Friends International）的主管瑪利亞・科賽（Marie Courcel）認為，旅遊業的興盛是促使孤兒院增加的因素之一。

友伴國際的路克・賈西亞（Luke Gracie）則表示，孤兒院之旅在柬埔寨是一門熱絡的生意。許多旅行社或旅館都在兜售著參訪孤兒院的行程。走在觀光大街上，也會不時收到相關的推銷。甚至在深夜十一點之後，都還能看到兒童在惡名昭彰的酒吧街上發送傳單，或是表演舞蹈以吸引遊客到孤兒院參觀。賈西亞質疑，如果你在自己國家不會安排參觀孤兒院的觀光行程，那麼為何在柬埔寨就可以這麼做？[9]

在聯合國兒童基金會的支持下，友伴國際發起了「兒童不是觀光景點」（Children are not Tourist Attractions）活動。在活動頁面中，他們指出，為了獲取捐款，孤兒院院方會訓練院童表演歌舞等以取悅遊客。此外，院方亦有可能刻意虐待院童，或是不改善孤兒院的環境，透過維持孤兒悲慘的形象以賺取捐款。而院童在頻繁與陌生遊客接觸過程中，不僅有潛在的風險，亦可能養成向遊客索討物品的習慣。甚至，因為孤兒院迅速成長，孤兒數量已經「供不應求」，還發生過孤兒院向當地民眾付費購買兒童進來孤兒院的案例。友伴國際呼籲來到柬埔寨的遊客，不要再參加參觀孤兒院的旅遊行程。[10]

貧窮旅遊的能與不能

貧窮旅遊逐漸興起的過程中，也出現一些社會企業以貧窮旅遊作為其主要提供的服務。當然，他們會對外強調其行程的各種正面效應，或是對社區的回饋，以此和剝削性的商業性貧窮旅遊相區隔。然而，大規模發展貧窮旅遊，不僅有倫理上的疑慮，也可能產生各種衍生的問題。此外，如同我們之前提過的，社會企業的經營必須將社會問題商品化，而該商品的持續銷售往往仰賴於社會問題持續存在，而非根本性地解決該問題。

在貧窮旅遊將貧窮議題轉變為一種觀光商品以吸引遊客的同時，也會面臨到這種邏輯上的矛盾：如果要持續吸引遊客，就要維持貧窮的樣貌。但問題在於，貧窮難道不是一種需要被改變或改善的現象嗎？如同柬埔寨的孤兒院的經營模式仰賴悲慘的孤兒，如果孤兒不夠多，或是不夠悲慘，就無法繼續賺取捐款。於是院方就得透過購買兒童來維持數量，甚至虐待兒童，讓他們看起來足夠悲慘。貧窮旅遊是否會造成類似的情形？當地居民是否會變成得透過「演出貧窮」來持續吸引遊客？這樣的質疑以目前來說或許還言之過早。貧窮旅遊的規模雖然在成長中，但相較於龐大的全球旅遊商機，仍舊微不足道。然而，類似的提問同樣也能擴及到其他的旅遊型態，例如生態旅遊、文化旅遊、公益旅行等等。將旅遊作為一種帶有社會目的的營利模式時，對當地的影響需要更加慎重的評估。

在相對嚴謹的條件下，貧窮旅遊當然可能成為社區工作的一環，或是社區培力的途徑之一，也可能為當地居民帶來更多的經濟收益。即便如此，這項工具侷限也相當明顯：貧窮旅遊無力應對大規模的貧窮問題。一方面，一個國家的貧民窟形成往往有其特殊的背景環境，例如城鄉發展問題、失業問題或是種族問題等等。而貧民窟一詞也往往意味著當地居民普遍缺乏教育、醫療衛生、交通、用水、電力等等的公共設施與服務。這些雖然可以透過民間團體推動一些工作項目局部性改善，但最終仍得由該國政府端出政策解決。此外，貧民窟的人口往往在數十萬人以上，例如前述肯亞的基貝拉貧民窟居民人數就高達約一百萬人。貧窮旅遊就算真的對窮人有所幫助，但再怎麼興盛，對於這麼龐大的人口群而言，其助益也是微不足道。

貧窮體驗，幾個案例

或許因為旅遊行為本身的入侵性質，長期以來學界和實務界就有不少關於旅遊倫理的探討。當這些旅遊倫理議題遇到了相對弱勢的窮人、原住民族或是少數群體時，其爭議就更為尖銳。純商業性質的貧窮旅遊自然問題很多，但即便是帶著善意規劃的貧窮體驗活動，也無法自外於這些爭議。事實上，貧窮體驗活動在一般的討論中，經常被歸類為貧窮旅遊的其中一種類型。顧名思義，貧窮體驗指的就是透過環境的安排或是活動的設計，讓參與者能夠親身體驗貧窮生活。然而，貧窮體驗活動實際上也有許多不同的做法。

根據《全球之聲》（*Global Voice*）二〇一三年的一則報導，南非的伊莫亞旅館（Emoya）提供了一項「創新的住宿體驗」——他們在自己的土地上興建了一座供觀光客住宿的「貧民窟」。該貧民窟包括了數間由斑駁鐵皮搭建的簡陋小屋，屋內附有煤油燈、蠟燭、收音機等設備。廁所則是露天搭建的茅廁，戶外還備有可以生火煮飯的大型鐵桶。該貧民窟住宿的文案表示：「現在你也可以在安全的私人禁獵區裡體驗簡陋小屋生活。這是世界上唯一配備地暖地板和無線網路的簡陋之城！」[11]①

此外，儘管沒這麼極端，但還是有不少人願意支付高昂的費用與成本以體驗異國的貧窮生活。《聯合報》二〇一四年的一篇標題為〈花錢讓孩子到貧國體驗貧窮　爸媽搶翻〉的報導，就描述了由慈善團體在寒暑假舉辦營隊，接受小學四年級以上至國中一年級的學生報名參加。他們會到印度、尼泊爾、泰北、菲律賓等國家的貧困受支助家庭，體驗其他國家同齡者一整天的生活。營隊為期七至十天，費用為新臺幣五萬至數十萬元不等。報導指出，在出發前，主辦團體會召開說明會，告訴參加的孩童這一趟旅程不是去玩樂，而是發現世界更多需要被關懷的角落。[12]

如果沒有辦法出國體驗，那麼在國內也有類似的體驗機會。世界展望會（World Vision）每年都會在全球各國舉辦「飢餓三十」活動，以限時絕食方式，邀請民眾共同參與飢餓體驗，關注在貧窮、戰亂或災禍當中的民眾的不幸處境。並同時發起募款活動，呼籲民眾捐款支持世界展望會的人道援助工作。除此之外，近年來臺灣也有關注遊民街友處境的團體，舉辦由街友帶領的城市導覽活動，或是街頭露宿活動。二〇一七年九月起，由民間團體於群眾募資網站中的「城市狹縫旅行團：一起看見『貧窮人的臺北』」活動，則是精心設計的兩天一夜參訪、導覽加上體驗的行程。其中包括了參訪都市原住民部落，以及街友生活圈。[13]

貧窮體驗的倫理爭議

以上這些活動雖然都能歸類於貧窮體驗，但他們各自獲得的評價往往並不相同。南非的假貧民窟旅館在社群媒體上受到強烈批評，被認為是利用貧民的真實苦難來賺錢。而相對來說，飢餓三十受到的質疑就較少，而街友導覽活動則是收到許多好評。

有幾個主要關鍵因素影響人們對這些活動的評價。首先是活動的商業性質，一般來說人們會認為營利性的體驗活動在道德上更為可議。即便在南非的貧民窟旅館案例中，並沒有任何人會因為觀光客入住到假的貧民窟而受害。但這樣一種將嚴肅的貧窮議題轉化為觀光體驗的做法，確實會讓許多人心中感到不快。

當然，營利或非營利的屬性並非絕對的標準。以第二個案例，非營利組織所舉辦

---

① Emoya目前的官方網站已經沒有了貧民窟住宿體驗的介紹，不確定目前是否還有此項服務。但仍舊可在YouTube網站上看到他們當初的宣傳影片。https://youtu.be/R5vhgHbr0e0

的國際志工活動來說，也有批評者認為，國際志工活動往往花費大量資源及人力，但能提供給當地民眾的卻往往不成比例。實際上，我們也能夠理解，如果將動輒數萬到數十萬元的國際志工活動報名費捐給當地的組織，讓他們能夠聘請工作人員，或是添購所需設備。這麼做對當地民眾的幫助，恐怕會遠大於找來一位語言文化都不通的短期國際志工。也因此，許多國際志工活動另外標榜的重點會放在參與者的自我成長與學習。如前面引述的報導採取的就是家長將小孩送出國「體驗貧窮」，讓他們學習「感恩」、「惜福」的觀點。許多批評者指出，這種將他人的苦難變成累積個人資歷，或是透過體驗異國生活以促進自我成長的做法與思維，也是另一種消費貧窮的模式。

上個世紀末知名作家蘇珊・桑塔格（Susan Sontag）曾在《旁觀他人之痛苦》（*Regarding the Pain of Others*）一書中質疑，媒體所不斷呈現的各種戰亂災難影像，究竟是激起人們對於暴力的痛恨，還是會讓讀者更加麻木不仁？旁觀他人的痛苦是為了記取教訓，還是滿足我們內心窺伺的邪淫趣味？而不管是貧窮旅遊或是貧窮體驗，都讓人們從單純的旁觀，更進一步成了「參觀他人之痛苦」或者是「體驗他人之痛苦」。當然，參觀或體驗亦可能只是單純的消費。然而也不能否認，不論是參觀或體驗，都比起旁觀來得更加積極。也確實人們可能因著參觀或體驗而更加認識議題，或者激起後續的行動。但我們也不能鄉愿地認為既然所有的參觀、體驗活動都有正面影響的可能性，所以將其等同視之。在南非的貧民窟旅館，跟臺灣民間團體的街友體驗活動之間，還是有著高下之分。

貧窮體驗守則

舉辦體驗活動是否為有效的議題工具，還是有一些可供我們判斷的原則，我們得針對個案來看。不管是貧窮旅行，或是貧窮體驗，重點都在於這樣的做法實際上讓哪些人獲益？對於其涉及的群體有多少幫助？如何影響人們看待貧窮議題？以及後續對議題的投入為何？如果這些問題都有明確肯定的答案，人們對於其附帶窺伺、入侵等道德風險的容忍度也可以相對提高。事實上，所有的社會行動或活動都有其介入的風險，以及相應的社會成本。這麼做是否值得？是否能被廣泛接受，也都取決於綜合評估其必要性以及後續效應。

舉例而言，社會運動團體發動抗爭或遊行，當然會擾亂一些社會秩序，並付出一些社會成本。但如果訴求的議題重要性高，抗爭的理由也能被民眾接受，那麼受到的反彈或批評就會較小，反之亦然。南非的貧民窟旅館做法在道德上可議，因為他們將嚴肅的貧窮議題，以及他人無從選擇的苦難生活，變為一種新奇的住宿體驗。這樣的做法並未讓貧民因此受益，也沒有辦法改善貧窮問題。住宿的旅客也不太會因為住在這個有著暖氣、Wi-Fi網路和柔軟床鋪的偽貧民窟，而對貧窮議題有更多深入認識。

體驗型社會企業，以黑暗對話為例

在社會企業中，除了貧窮旅遊這樣的經營模式外，還有一種我們姑且稱之為「體驗型社會企業」的類型。體驗型社會企業的做法通常是創造一種特殊的環境，讓參與者付費體驗之後有所學習成長。其中最知名代表當屬「黑暗對話」社會企業（Dialogue in the Dark）。在臺灣的「黑暗對話社會企業」於二〇一一年取得了一九八八年成立於德國的「對話社會企業」（Dialogue Social Enterprise, DSE）的授權經營。黑暗對話於其官方網站的自我介紹如下：

「黑暗對話」是希望藉企業形態來拓展社會服務的功能；也期望藉股東的承諾，成為社會企業的先行者。「黑暗對話」工作坊，是以完全黑暗的環境，讓參與者體驗黑暗帶來的衝擊，並在光亮中省思人的核心價值；以期在工作態度、人際互動、面對身心障礙者的心態上，做具體的改變。更從而提供機會，幫助障礙者在社會上立足，生存。黑暗對話也預期能透過工作坊為參與者帶來領導力、溝通力、適應力、或凝聚能力的增強；讓創造力、生產力、或銷售力得以提升；並增進其可塑性和工作的穩定性。我們期盼這點微弱的火種能為社會帶來更多的迴響；也期待更多的夥伴參與或加入行列，一起來「發現自己，突破極限」。[14]

「黑暗對話工作坊」自一九八八年設立迄今，已經實施遍及世界三十個國家，一百六十餘個城市，超過六百五十萬人以上的參與見證。多年來，對話社會企業，簡稱DSE（Dialogue Social Enterprise）不斷開發新的對話服務項目，包括了黑暗中對話、寂靜中對話、移民中對話、對話賭場、暗中音樂會、暗中生日會、暗中派對、暗中舞臺劇等等。

感受到這項活動利益的強而有效，不但已經成為許多國際性大企業的人力資源發展訓練工具，它的創新性及長遠影響更涵蓋了：促進人際互動、增加社會技能、強化情緒智商、激發最佳領導力、提高生產力、強化銷售力及降低員工流動率等等。15

在這段簡短的介紹中，我們可以歸納出三個重點：第一是工作坊使用黑暗體驗做為主要進行方式；第二是工作坊希望能幫助到身心障礙者；第三是工作坊希望能提昇參與者的工作效能。而黑暗對話主要的收入來源為替企業舉辦內部培訓工作坊。在黑暗體驗工作坊中，參與者得在黑暗中行動、討論或合作。這麼做雖然確實讓參與者一定程度體驗了視障者處境，但工作坊往往將這樣的體驗導向提昇團隊意識或是個人能力，而非著力於消除對視障者的成見或歧視。當然，可以理解團體得透過這樣的做法讓企業願意買單。畢竟，企業不是花錢來請人做政令宣導，而是要達到內部培訓的效果。但這麼做，究竟對視障者普遍的社會處境有多少幫助？在缺乏有效的評估機制下，不免讓人懷疑究竟能達到多少對外宣稱的社會目標。

為視障者創造就業機會？

除此之外，黑暗對話同時也標榜會培訓視障者擔任工作坊的培訓師，能因此提昇視障者自信心，或是為視障者創造工作機會。然而，根據黑暗對話在其官網上公布的「第七屆黑暗對話培訓師招生公告」說明，視障報名者經過審查通過後，需自費參加長達數天的培訓課程。課程結束後，通過考核者則可成為實習培訓師。經過最多六次的實習，並由主培訓師核可後，即可獲頒培訓師執照，成為正式的培訓師。然而，在網頁中強調，培訓師並不隸屬於黑暗對話公司。[16]也就是說，雙方之間恐怕並非雇傭關係，培訓師領取的報酬可能是依照協助場次而定的「講師費」、「出席費」或者以其他名目發給。如果是這樣，那培訓師就不是正式且穩定的工作，如此一來恐怕也算不上為視障者創造了新的工作機會。

根據黑暗對話的二〇一六年公益報告書內容，自二〇一〇年至二〇一六年為止，在六屆的培訓課程中，總共產生了四十七位通過認證的培訓師，實際合作的有四十六位。[17]在黑暗對話的官網中，則公布了其中二十二位培訓師的姓名與背景資料，當中每一位的履歷都十分精彩，包括民間團體理事長、十大傑出青年獲獎人、電臺節目主持人、工作室創辦人、高階企業經理人等等。[18]也就是說，這些培訓師本身多半原本就已經是視障者當中的菁英群體。對他們而言，擔任培訓師的意義，恐怕也多屬於錦上添花，而非雪中送炭。此外，在臺灣領有身心障礙手冊或證明的視障者有將近六萬人，其中年齡介於十五歲至六十五歲之間的人數則近三萬人。就算將這四十六個培訓師的位置都當作正式工作計算，其數量和視障者潛在就業人口來看，也是九牛一毛。

對此，黑暗對話在其公益報告書中也坦承不諱。他們表示，能通過嚴格把關、層層考驗篩選出來的培訓師，確實都屬於天分頂尖的少數人。但他們認為，這代表他們將培訓師視為工作團隊的夥伴和專家，而非需要幫助的殘障人士。此外，黑暗對話也強調，透過培訓師職種的出現，讓社會重新思考視障者的能與不能，其質化意義遠重於量化考量。在《與黑暗對話一千日：社會企業經營實務三年初體驗》一書中，黑暗對話社會企業董事長謝邦俊亦認為，這些視障培訓師人數雖少，但他們象徵著視障者進入了臺灣視障者有史以來未曾進入的社會職種金字塔上層。[19]

視障者的就業困境

然而，視障者從事工作的行業其實比起一般人想像中要來得更多元。根據勞動部二〇一〇年「視覺障礙者勞動狀況調查」在十五歲至六十五歲之間的視障者就業人口中，按摩業僅占就業人數的二十六%。其次為製造業的十四·九%、批發及零售業的八·四%、醫療保健社會工作六，九%、教育服務六·七%、公共行政及國防六·三%等等。在職業方面，除了服務工作及售貨人員的三十八·一%和非技術工及體力工的十六·六%為大宗外，亦包括了技術及機械、組裝工人的九·三%、專業人員的四·六%，以及民意代表、行政主管、企業主管及經理人員的三·三%。而這些就業狀況跟障礙程度和教育程度都高度相關。[20]在當前已經有一定比例的視障者是企業主管或高階經理人的狀況下，讓視障者擔任培訓師的象徵意義似乎沒有這麼重大。況且，多創造幾個所謂金字塔高層的視障者講師，似乎和改善視障者普遍的就業問題之間並無明顯關聯。

視障者的就業障礙確實較多，在現行的《身心障礙者權益保障法》當中，雖然規定了政府單位或民間團體「定額僱用」身心障礙員工的比例，但大部分企業主仍傾向僱用肢體障礙、器官障礙或其他障礙類別的員工。要如何改善？臺灣首位視障律師李秉宏，在其〈臺灣視障者就業困境〉一文中提到了幾個應該著力的重點：

- 對社會大眾和企業主進行教育宣導，協助他們認識視障者的狀況，並排除就業上的心理阻礙。
- 讓企業主知道如何透過適當的輔具協助視障者完成工作，以及政府提供輔具經費補助資訊等等，也是一般企業主不知道的重要資訊。

- 政府應獎勵廠商投入視障者輔具的研發與生產，例如盲用電腦，或是圖像轉換點字的軟體等等。
- 政府應設置視障者電子書統一平臺，讓視障者能夠更容易地閱讀學習。
- 增加開放視障考生的大專科系，並協助讓重度或全盲考生也能應試，以增加視障學生接受教育的機會。[21]國內外的相關研究均指出，視障者的教育程度越高，就業率也會相應提高。同時也較有機會任職於專業性或技術性較高的工作。[22]

以上這些主張，不管是利用輔具降低視障者工作的門檻，或者是排除業主對僱用視障者的障礙，或是增加教育資源等等，都是許多學者專家對於如何促進視障者就業的共識。而我們也可以發現，黑暗對話社會企業的工作內容並未涉及到前述這些項目。

在黑暗對話的公益報告中指出，自成立以來，黑暗對話的業務量和營收逐年穩定成長，到了二〇一五年正式轉虧為盈。該年度的總收入為新臺幣八百一十八萬元，盈餘八十二萬元。這對於經常苦於有效獲利的社會企業來說是難得的成績。然而平心而論，黑暗對話利用黑暗的要素舉辦工作坊的想法確實有創意，在參與者體驗黑暗的過程中，可能增加一些對視障者的認識和同理。也因此讓一些原本自身條件較好的視障者們多了培訓師這個身分。然而，這樣的商業模式對於整體視障者的處境或就業問題，似乎沒有什麼幫助。

小結

本章從發展中國家的貧窮旅遊、談到臺灣的貧窮體驗活動，以及體驗型社會企業的運作。試圖將討論鎖定在檢視社會企業所宣稱的社會目的，以及其經營模式之間的關係。黑暗對話也許是個有良心、帶著善意的商業組織，但他們的經營模式很難說真的在「解決社會問題」。黑暗對話當然有其貢獻與存在價值，但如果真想改善視障者的處境或就業困境，廣開黑暗工作坊大概不會是好選擇，恐怕有其他更為直接有效，更值得投入的工作項目。

我們在前幾章所提出對社會企業的質疑也依舊存在。到底社會企業的「社會」是意味著什麼？社會企業是將社會問題導向公共性的討論及解決，還是導向消費自身的產品或服務？而透過消費，究竟又能解決什麼問題？

第8章

金字塔底層商機

金字塔底層商機的論述認為，開發金字塔底層市場就是在幫助窮人；這樣的說法為營利的行為披上了一層道德外衣。為所有瞄準發展中國家市場的企業找到了一個全新的光鮮說法：我賺你們錢是在幫助你們。

> 對於每天賺不到兩塊美元的人來說，購買力當然無法跟已開發國家的人相提並論。但是若從人數上來看，窮人卻代表了可觀的潛在購買力，因此實有開發的必要。
>
> ——C. K. 普拉哈《金字塔底層大商機》

二〇〇四年，知名管理學大師，密西根大學教授普哈拉（C. K. Prahalad）出版了《金字塔底層大商機》（*The Fortune at the Bottom of the Pyramid*）一書，為發展中國家的貧窮問題，提出了全新的解方。他認為，傳統的國際援助或慈善組織的做法，未能有效改善貧民生活，反而助長貪腐風氣，或是讓民眾產生依賴心理。而如果能透過市場法則，積極開發金字塔底層的商機，將有助於貧民改善生活、擺脫貧窮。

他指出，大企業過去往往將目標客群鎖定在全球金字塔頂端的已開發國家客戶。然而，全球數十億名開發中國家的民眾，即便他們個別的購買力低落，匯集起來的金額仍舊相當可觀。如果能針對他們的需求開發產品，除了能夠挖掘出新的商機之外，也能夠提昇他們的生活水準。

然而，要將金字塔底層變為消費市場，就必須創造消費能力。金字塔底層消費者缺少現金，收入又低，必須運用不同的方式開拓市場。例如，窮人可能沒有辦法一次購買一大瓶洗髮精，但如果改成販售單次使用的小包裝，他們就可以只購買當天使用的分量。在印度，市場上就有許多單次包裝的商品，例如清潔劑、肥皂、牙膏、調味料、咖啡、茶葉、餅乾、香水、化妝品等等。售價經常只有數美分，因此一天收入僅為數美元的窮人也能夠消費得起。或者透過強制儲蓄或貸款計畫，讓民眾能夠購買更高單價的商品。例如巴西的家電公司巴伊亞屋（Casas Bahia）就為這些通常無法取得銀行貸款的客戶，提供他們自己的貸款服務讓顧客得以添購家電。

此外，對企業來說，開發符合金字塔底層的商品或服務模式，也有可能進一步將其推廣應用到其他市場。而普拉哈更認為，當窮人變成消費者後，不只買得到商品與服務，也能獲得過去只屬於中產階級和有錢人的尊嚴與選擇。而蓬勃發展的市場，除了提供商品之外，也能創造更多的就業機會。

普哈拉的說法提出之後，迅速引發各界迴響。一方面，過往對於發展中國家的援助與慈善工作，數十年下來確實成效不如預期。另一方面，只要開發廣大的金字塔底層商機，就可以在賺錢的同時造福民眾的說法，為許多企業提供了嶄新的視角與動力，這其中當然也包括各種新創事業。對於社會企業的推廣者而言，這樣的說法也與「邊賺錢邊做好事」、「以商業手法解決社會問題」的社會企業核心理念相符合，因而許多社會企業均以發展中國家做為目標市場。

「雅芳小姐」前進非洲

在發展中國家要開拓金字塔底層商機，要克服的不僅是產品本身，銷售管道往往是另一個難題。以非洲各國為例，除了少數的大都市，許多村落散布於廣闊的土地上，產品的宣傳、運輸、庫存和銷售等等都是讓人頭疼的問題。社會條件、文化等等的差距，也使得企業必須要開發不同於以往的行銷策略。

Living Goods是一間跨國非營利組織，目前在烏干達、肯亞、贊比亞和緬甸開展其業務。他們認為，許多發展中國家的公共衛生系統存在著類似的問題，包括公共衛生系統資金與人手不足、管理不佳等等。然而民眾如果轉而尋求民間私營機構的醫療衛生服務，往往付出更加高昂的費用，卻只能得到低劣的服務品質。市場中甚至充斥著假藥。而不管是政府或是慈善團體投入資源，也都得面臨到服務通路「最後一哩」的問題，如何更有效地接觸到需要的對象？

對此，Living Goods採用了由雅芳（AVON）、安麗（Amway）等知名公司所採用的直銷模式，或稱微型加盟模式（micro franchising）。由當地女性報名參加Living Goods的培訓營隊，經過三週的培訓後成為正式銷售員，每個月還會有地區聚會以分享經驗和進行進階培訓。Living Goods的銷售員販賣Living Goods低於市價的健康和衛生產品，包括藥品、營養品、清潔用品、蚊帳等等。透過銷售員挨家挨戶地拜訪，一方面滿足民眾的需求，另一方面也能夠解決「最後一哩」的商品通路問題。在Living Goods配發給銷售員的工具包中，包括了電子溫度計、翻譯成當地語言的健康指南文件、還有一具配有Living Goods Apps的智慧型手機。銷售員可以使用這些工具為民眾進行基本的健康狀況分析，並針對感冒、瘧疾或腹瀉等常見的疾病或症狀給予基本的藥物。智慧型手機除了可以讓Living Goods即時掌握各銷售員的業績之外，銷售員也可以透過App協助客戶管理其健康狀況，或是發送簡訊以提供產品與健康資訊。除了前述商品外，Living Good也販售濾水器、高效率火爐跟太陽能電燈等發展中國家民眾所需要的商品。

銷售員的收入來自於販售商品的利潤，對於缺乏起始資金的新進銷售員，Living Goods提供低利貸款，讓她們能夠先購買一批商品，等日後商品賣出後再以收入償還。Living Goods於其官方網站表示，每位Living Goods銷售員平均每年可賺取一百五十美元的收入[1]。以烏干達為例，其二〇一六年的國民年均收入為六百六十美元[2]。雖然一百五十美元不到六百六十美元的四分之一，無法成為主要的收入來源。但仍然可以成為家庭額外的收入之一，減輕生活負擔。

自二〇〇七年成立以來，儘管Living Goods本身是非營利組織，其商業模式也尚未達到收支平衡，但仍舊獲得許多社會企業、社會創新的相關獎項。成為開發金字塔底層商機，既賺錢又做好事的模範案例。然而，運用直銷模式打開發展中國家通路並不是Living Goods的專利，許多企業也在發展中國家經營直銷以拓展市場。那麼這些在發展中國家經營直銷的企業，和Living Goods之間有什麼差別？

夏克提計畫，搶占新興市場

總部位於荷蘭的聯合利華（Unilever）公司，是全球最大的食品、化妝保養及清潔用品公司之一。旗下擁有四百多個品牌，其二〇一六年的營業額超過六百億美元。早在一九九九年，聯合利華就在其印度分公司成立了新創事業部（New Venture），專門負責推動印度利華的「夏克提計畫」（Shakti）。夏克提在梵文當中意指力量，夏克提計畫內容是運用婦女自助團體①進行創業訓練，組成鄉間直銷團隊，由她們向消費者宣導印度利華公司的產品對健康和衛生的好處，並且和顧客建立良好關係，培養長期客戶。印度利華公司認為，這麼做不僅能夠刺激需求和消費，為公司賺取利潤，也能夠改善鄉間民眾的生活。參與夏克提計畫的經銷商又被稱為「夏克提小姐」，和Living Goods的銷售員，或是其他直銷系統一樣，她們都得先繳交一筆進貨費用才能開始其業務。如缺乏起始資金，印度利華公司可為她們提供貸款。夏克提小姐販賣的商品包括個人清潔衛生用品、食品飲料、含碘食鹽等等。夏克提計畫經過二〇〇〇年試辦之後，成效良好，因此印度利華公司於二〇〇一年正式啟動夏克提計畫，並在二〇〇二年達成七百名經銷商，兩千五百四十萬盧布的業績，（約為五十六．五萬美元），在二〇〇三年業績迅速成長到超過一億盧布（約兩百二十二萬美元）。到了二〇一〇年，更引進「夏克提男士」參加計畫。根據印度利華官方網站的數據，目前參與夏克提計畫的經銷商多達八萬人，遍布於十八個州[3]。

聯合利華在其一九九九年的內部研究中就已經指出，相較於成熟的已開發國家市場，發展中國家將成為他們未來產品的主要市場，而夏克提計畫就是他們搶占印度市場大餅的策略之一。他們對金字塔底層商機的重視不僅表現在行銷方面，也反映在產品開發上。舉例而言，相較於其他競爭者，聯合利華很早就開始在發展中國家銷售小包裝的商品。他們在印尼營收的三分之一來自於單價二十美分或更低的產品[4]。在水資源匱乏地區的民眾，能夠使用的生活用水量有限，他們往往採用雙手洗滌衣物以節省用水。聯合利華就為他們的需求開發出更少泡沫，更易沖洗的手洗衣物清潔劑Comfort One Rinse。聯合利華宣稱，使用Comfort One Rinse比其他品牌清潔劑，能夠再

①印度的婦女自助團體通常由十五名婦女組成，每人定期繳交固定費用，存到共同帳戶當中。這些錢以較銀行貸款更低的利率借貸給內部的成員。其性質與制度類似於臺灣民間的「標會」。

額外省下高達七十五%的用水量[5]。

聯合利華的先見之明，為他們帶來了豐厚的回報。《經濟學人》雜誌在二〇一二年刊登的一篇名為〈爭取下一批十億消費者的戰爭〉文章中，描述了兩大全球消費性商品巨頭聯合利華和寶僑（Procter & Gamble, P&G）在發展中國家市場的競爭狀況。文章中指出，二〇一〇年寶僑在發展中國家市場的營業額為兩百三十六億美元，占其總營業額的三十四%。而聯合利華則是兩百二十九億美元，占其總營業額的五十三%。我們可以看到，雖然寶僑的全球總營業額高於聯合利華，但在發展中國家市場的領先相當有限。同時，發展中國家市場則是占了聯合利華整體營收的一半以上。文章中特別提到，因為夏克提計畫所打下的基礎，使得寶僑在印度市場中沒有能力和聯合利華競爭。而該文也認為，目前為止，聯合利華在發展中國家的表現優於寶僑。然而，發展中國家的市場還有很多開發潛力和不確定性，未來的勝負之數還在未定之天[6]。

聯合利華社會企業？

我們可以發現，聯合利華在印度的夏克提計畫和Living Goods在發展中國家推動的直銷模式十分相似。透過培訓婦女成為直銷加盟商，在鄉間販售健康、清潔及衛生產品。公司在獲利之外，亦可協助改善民眾健康和生活環境，還能夠為民眾創造額外收入。這樣一舉數得的做法，高度契合於社會企業的理念。如果說Living Goods能夠以社會企業和社會創新之名屢屢獲獎，那麼，聯合利華的夏克提計畫似乎也應該具備同樣的資格。這麼說來，身為全球消費性商品巨頭之一的聯合利華公司，其實也是一間社會企業？

有的人可能會說，聯合利華是商業公司，而Living Goods是非營利組織，兩者的性質不同。然而在社會企業的定義中，透過商業手法解決社會問題是最為核心的判準，組織的性質並非重點。也有人可能會指出，儘管採用的手法相同，但Living Goods的成立宗旨是想要幫助發展中國家民眾，而聯合利華的主要動機是營利。但是事實上，就像那句「邊賺錢邊做好事」口號所代表的意義，社會企業原本就同時混合了營利和行善的雙重動機。所以帶有營利的動機並不是什麼問題，反而更是因為具備了營利的動機，才使得社會企業有別於慈善團體。

甚至亦有人主張，如果一套商業模式能夠帶來又賺錢又做好事的結果，那麼主要動機是營利又有何妨？以夏克提計畫來說，在缺乏資源的印度偏鄉提供民眾能夠買得起的健康、清潔衛生用品與相關知識。就算聯合利華的動機純粹為了開發新市場，且參與直銷網絡的銷售員只是想要增加收入，但這套商業模式運作的結果確實能夠改善民眾的健康與生活環境。

即便如此，還有人可能會認為，印度利華只是聯合利華在印度的分公司，而夏克提計畫也只不過是印度利華其中一個營業項目，占整體營業額的比重不高，恐怕難以將整個企業集團都視為社會企業。

如果我們同意這樣的說法，那麼我們該如何看待像是安麗（Amway）這樣一個全球性的直銷公司？安麗為全球最大的直銷公司，二〇一七年營收為八十六億美元[7]。他們的產品一樣包括各種健康食品、清潔衛生用品等等。此外，安麗的分公司遍布全球一百多國，其中包括東南亞和中南美洲等發展中國家，在南非亦有據點。如果我們因為夏克提計畫只是聯合利華其中一項營運方案，而質疑其社會企業資格。那麼像安麗這樣徹頭徹尾的直銷公司又如何？難道安麗在發展中國家經營其業務時，不算是開發金字塔底層商機嗎？不算是又賺錢又做好事嗎？甚至，安麗的產品既然能幫助發展中國家民眾，那麼已開發國家的消費者應該也受惠不少。安麗做為一間跨國大型社會企業的資格似乎沒有疑問，只差在他們是否這樣自我定位與對外標榜。

破解話術：做好事的社會企業

既然說 Living Goods 賣健康食品跟衛生清潔用品給發展中國家民眾，是又賺錢又做好事的社會企業。那麼印度利華的夏克提計畫，還有安麗這樣的直銷公司賣健康食品跟衛生清潔用品給發展中國家民眾，似乎也能夠算是又賺錢又做好事的社會企業。甚至進一步推論下去，如果說開發金字塔底層商機，賣商品給窮人，滿足其需求的做法是做好事、是幫助窮人的話。那麼所有在發展中國家販售商品的企業，也全都應該算是社會企業？這樣的說法乍看之下十分荒謬，但這樣荒謬的說法也恰恰突顯了社會企業這個概念的許多問題所在。

在最基本的經濟行為中，企業提供商品，消費者提供金錢，雙方在市場中交易。這樣的交易基本上算是各取所需，消費者透過購買商品滿足其需求，企業透過提供商品賺取利潤。因此，企業在社會中扮演了製造商品、銷售以滿足消費者需求的角色。透過市場，企業彼此之間也必須不斷地競爭以開發出成本更低，更能夠滿足消費者需求的產品。也就是說，企業作為一個經濟組織，在社會中發揮了一定的功能，滿足特定的社會需求。反過來說，如果一個企業無法提供有效地滿足消費者需求的商品或服務，該企業可能會因為無法獲利而遭到淘汰。

這樣一個普遍的經濟過程，在社會企業的敘事中，完全換了一個版本：有別於（邪惡的）一般企業，社會企業是更為良善、負責任的經濟組織，並且透過販賣其商品，滿足消費者需求，解決社會問題。然而，如果我們回到前述的經濟過程來說，我們會發現，社會企業實際上和一般企業並無二致，都得透過滿足消費者需求以賺取利潤。如果說今天發展中國家的民眾確實需要可負擔得起的健康食品、清潔衛生用品，那麼不管是由Living Goods、夏克提計畫或安麗來提供產品，一樣都能滿足需求。而他們也都能夠透過這樣的交易獲得好處，比如說改善健康或衛生環境。也許有人會主張，Living Goods不是以獲利為主要目的，其販售的商品價格對窮人來說是可負擔的程度。但所有鎖定低端消費市場的品牌都有類似的考量，他們必須提供價廉物美的商品才有辦法在市場競爭中存活，甚至擊敗對手。舉例來說，美國的沃爾瑪（Walmart）百貨販售的商品價格往往比起其餘的大型連鎖量販店更為低廉，也因此成為許多中低收入家庭的主要購物選擇之一。這是沃爾瑪百貨的市場定位跟發展策略，但我們恐怕不會因此說沃爾瑪百貨滿足了美國底層消費者的需求，幫助了他們，所以沃爾瑪百貨是社會企業。那為什麼一些市場定位於滿足底層消費者需求的企業，就算是社會企業？

因此，我們可以發現社會企業的這種說法，經常只是一種話術。例如販賣淨水器的公司可以說自己的產品是改善水質問題，確保家庭成員身體健康。開便利商店就是在社區中提供各種便利服務。製藥公司的成立宗旨就是消滅疾病、拯救病患、守護生命。保全業就是守護鄰里安全，創造友善的社區環境。而僱用大量二度就業、中高齡勞工的外包清潔公司，更是一邊減少中高齡失業人口，一邊提供環保清潔的專業服務，宛如天使一般的存在。（儘管僱用中高齡勞工的原因，往往只是因為他們願意接受低薪高工時的工作。）

運用這類強調企業社會功能的話術，幾乎所有的企業都可以被包裝成社會企業。反過來說，在卸下這層話術包裝之後，社會企業和一般企業並沒有本質上的差別。社會企業就是企業，要能夠滿足消費者需求，要能夠賺錢。這也是為什麼當我們順著社會企業的邏輯與定義進行分析時，會得出Living Goods、聯合利華跟安麗都是社會企業的結果。

破解話術：做生意不等於做好事

金字塔底層商機的論述將做生意直接等同於做好事，認為開發金字塔底層市場就是在幫助窮人。甚至還主張當窮人成為消費者時，就可以享有尊嚴。然而，這又是另一種扭曲的話術。事實上，做金字塔底層民眾的生意並不等同於幫助他們。

在一般情況下，經濟行為要能夠創造正收支，才有辦法幫助發展中國家民眾。即便帶來負債或增加支出，但如果能夠提昇該國的生產力，也可以視為有意義的投資。舉例而言，許多發展中國家採用設立加工出口區的策略，著眼於加工出口的產業經常是勞力密集型，一方面創造大量工作機會，另一方面也會為國家整體收支帶來正面影響，進一步也可能提昇自己國內廠商的技術力。這類產業政策的目的多半是讓發展中國家民眾成為勞工或生產者。相較之下，跨國企業將發展中國家民眾視為潛在消費者，向他們販售各種消費性產品，則是從他們手中賺取錢財。即便在過程中可能創造一些工作機會，但最終錢還是會由跨國企業收入口袋。

沒錯，透過消費，確實滿足了民眾的一些需求，但是滿足需求不就是企業存在的基本前提嗎？如果說只要販賣產品給發展中國家民眾，滿足其需求就等於做好事的話，那麼幾乎所有在發展中國家市場上的企業都能自我宣稱是在做好事了。舉例而言，賣個人電腦的企業可以說自己在發展中國家賣電腦是在做好事，因為公司行號買了電腦後可以提昇工作效率，而學生買了電腦後更可以幫助學習，因此，在發展中國家賣電腦是一筆又賺錢又做好事的生意。汽車公司也可以同樣宣稱他們販售的汽車，提昇了該國的交通運輸能力，工廠也因為購買貨車，可以更大量迅速地運送貨物，提昇生產力。所以跨國車廠在發展中國家賣汽車就是在幫助他們經濟發展，是在又賺錢又做好事。

行文至此，我們可以發現，窮人當然也有購買商品的欲望或需求，而發展中國家市場也確實存在。企業提供商品或服務以滿足這些需求，並賺取利潤，本就是企業一直以來扮演的角色。反過來說，如果沒有獲利空間，甚至註定會賠得血本無歸的話，企業也不會這麼積極地投入「做好事」。金字塔底層商機理論一方面揭露了發展中國家市場的重要性，另一方面卻又以道德外衣包裝企業普遍的商業行為，這不啻是一種精巧的話術。

當做生意等同於做好事，那麼販賣商品就是在造福人群。在本章舉出Living Good跟印度利華等直銷模式為例，恰恰印證了這樣的邏輯和直銷所秉持的「賣產品是在幫助人」、「賣你東西是為你好」的思維一致。以至於進一步推導出安麗這類的直銷公司也算是社會企業。

曲解經濟行為，賦予道德詮釋

金字塔底層商機的說法，讓一般的商業行為能搖身一變成為慈善義舉，轉移了社會問題的焦點，並且將社會問題的解決之道交託在商業公司身上，讓一群人的貧窮成為另一群人的商機。這不僅僅是倫理問題，更是嚴肅的政治經濟課題。

工業發展後進的國家面臨的挑戰十分複雜，除了要試著賺進更多的外匯之外，還要保護國內的資源、面對全球的挑戰。在提昇國內生產力、技術能力之外，政治與法律制度如何調整？而在政治經濟和生產轉型的過程中，行政效率問題、貪腐問題、政策執行問題，還有人口、就業、教育、貧富差距、城鄉發展等等問題都會一併浮現。而整體社會要從農業為主的型態轉變到工業為主，更是需要花費數十年，克服許多困難才可能達成。這些問題盤根錯節，並不容易處理。實際上，能夠從工業後進國家順利往上攀升的案例並不多，所以亞洲四小龍、中國等國家，才會被學界視為重要的研究對象。

不可否認，在前述的發展過程中，需要更多地發展工商業。企業的興起和投資，確實可能為經濟發展帶來正面影響。但發展中國家的市場潛力、豐富的資源、廉價的勞動力以及大量潛在的未來消費者，對企業來說也是獲利的契機，是他們投資的動力。儘管部分企業再怎樣強調自己的產品或服務「造福」發展中國家民眾，但賠錢生意沒人做，如果這些產品或服務虧損連連，且沒有任何獲利空間或回收資金的機會，這些企業還會義無反顧地繼續「造福」民眾嗎？答案恐怕會是否定的。此外，如果這些企業不提供符合發展中國家民眾需求，或對其有助益的產品或服務，也不可能在這市場中存活且獲利。這就是市場經濟的作用，讓人們透過交易各取所需。這種相互依存的關係，並非只有某一方獲利，也絕非是企業「造福」或「幫助」的結果。

開發金字塔底層商機以幫助民眾的話術，將複雜的發展問題簡化成做生意就是做好事。這麼做只是讓那些能夠從中獲得好處的人，得以繼續鼓吹各種市場方案以「解決社會問題」。將問題的癥結掩蓋在這些讓人目不暇給、眼花撩亂的商機當中。

後記

二〇一〇年，在閱讀了幾本關於尤努斯以及葛拉敏銀行的書籍之後，我一度著迷於微型貸款所勾勒出的美好景象——僅需要借貸給窮人一些資金，他們就可以透過自己的力量脫離貧窮。然而，隨著認識越深，心中的疑惑也日深。微型貸款當真是這麼美好、強大且沒有副作用的工具嗎？順著這樣的疑惑，我從微型貸款出發，開始接觸到了社會企業這個詞彙。並一步步地建立起自己對社會企業的分析架構。

事實上，不管是社會企業，或是被視為社會企業典範之一的微型貸款，以及其他各種讓人眼花撩亂，號稱要解決社會問題的創新手法。我們接觸到的多半都是一些感人的、美好的故事，或是各種激勵人心的案例。而這些動人的情節，往往都是由企業本身，或是業界推廣者所提供。或許他們沒有捏造故事內容，但既然他們靠這行吃飯，自然不可能期待他們主動揭露業界的黑暗面。①特別是在臺灣的環境，社會企業這樣一個既新潮、不激進、還能賺錢的概念，很快地就獲得了產官學界一面倒的支持與推崇。我們也可以反過來想，一套號稱要解決問題、改變社會的方法，竟然可以輕易獲得政府和企業家的推崇，可見這套方法不僅不挑戰現有的秩序，對於當權者和既得利益者來說恐怕還很有好處。那麼這套方法為我們帶來的會是怎樣的改變？

批評社會企業是一件敏感、不討喜的工作。特別是許多社會企業的相關從業人員都是抱持著做好事的心態，將自己的時間、心力和金錢投入在這個領域。批評壞人做壞事很簡單，但要批評好人做好事很困難。然而，正如我在本書中提過的立場：提供更好的、助人的、有益社會的產品或服務本身沒有錯，甚至是值得鼓勵的事情；不過販售產品、滿足消費者的需求原本就是企業在社會中扮演的角色。因此如果建立在營利的前提上，社會企業和一般企業並沒有本質上的差別。而滿足需求，不等於解決問題。所以，宣稱透過販賣商品或服務，透過市場機制就可以有效解決社會問題，這種社會企業主張就是我在本書中極力反對的說法。

這樣的分析取徑並非我個人的獨特創見，國際上不乏學者專家發表批判社會企業的研究及文章。很遺憾的是，這類的研究視角在臺灣，甚至包括兩岸三地，都相對欠缺。本書屏棄了過於艱澀的理論討論，由案例出發以拆解社會企業的概念，由衷地希望本書能夠為社會企業的討論注入一些不同的思考面向。

從歷史上來看，社會企業是新自由主義孵育出的果實，也是新自由主義的新一代推手。社會企業標榜以商業機制、以市場力量解決社會問題。在這樣的架構下，社會企業迴避了所有更為深層、根本的社會結構，將社會問題轉化為可持續販售的商品，將社會問題的解決之道轉化為消費選擇，讓人們以為只要透過個人消費選擇就可以改變世界。

然而，要解決貧窮，勢必得改變不斷擴大貧富差距的經濟體系。要保護環境，也不可能不去挑戰汙染的來源，以及整體生產模式的問題。消費主義的論述，是一種將社會問題去政治化的政治。將原本可能導向集體行動的能量，在一次次的商品購買中獲得滿足，然後消解殆盡。面對這樣的挑戰，我們唯有透過重返政治，特別是重返集體的政治予以還擊。將社會問題從個人的消費選擇重新帶回公共領域，透過公開的論辯以及集體的行動，改變相關的社會制度以及生產問題的結構因素。

期待讀者在閱讀完本書之後，能知道社會企業跟一般企業本質上並無二致，在市場競爭的壓力，以及獲利的動機下，社會企業也有可能剝削勞工、汙染環境、欺騙消費者。因此我們需要的是普遍推動企業的社會化，讓一般的企業以及社會企業，同樣接受更多內部民主機制和外部的法規監督。

除此之外，我還希望讀者能進一步理解，社會企業不是所有社會問題的仙丹妙

①只有少數例外，例如Hugh Sinclair在微型貸款領域工作超過十年後，終於受不了良心煎熬，寫了《微型貸款的異端者告白》（*Confessions of A Microfinance Heretic*）一書（目前無中文出版），公開揭露他所接觸到，微型貸款業者如何剝削窮人，大賺其錢的真實面向。

藥。社會企業將社會問題商品化的手法，未必真能解決問題，還有可能製造其他問題，甚至是藉著社會問題而營利。在未來聽到各種推廣社會企業的宣傳時，有能力拆解當中的話術、並思考這些說法的真假虛實。

最終，我希望讀者能夠認識到，社會企業的興起與發展有其特定的時代背景，以及服膺的新自由主義意識形態。當代社會到目前為止，都還深深地受到這樣一套崇尚自由市場、去管制、私有化公共服務、商業模式解決社會問題、由企業主導的新自由主義所影響。而新自由主義，又是全球資本主義發展的階段性產物。我無意在本書中將分析框架拉得太大，然而這始終是我們無法迴避的難題。如果我們不滿意這樣的體系、這樣的社會、以及即將到來的可能未來，那麼我們就必須想辦法改變，尋求出路。我認為，社會企業本身就是問題的一部分，而不會是這些複雜問題的快速解答。

謝辭

我曾於二〇一一至二〇一二年間任職於政治大學第三部門研究中心，因職務接觸到一些社會企業研究資料。感謝當時中心主任政治大學地政系徐世榮教授提供的機會和空間，讓我當時能在第三部門研究中心開設的課程中，和學員分享自己對社會企業此一主題的初步分析，奠定本書的出版契機。

此外也要感謝《NPOst 公益交流站》主編葉靜倫，還有時報文化出版社生活線主編陳信宏、本書責任編輯王瓊苹，謝謝他們的協助以及耐心工作。感謝本書推薦序撰寫人，以及推薦人，謝謝你們願意推薦這本著作。

最後我要感謝我的伴侶鄭詩穎，她是本書許多內容與觀點的首位聽眾，她的回饋與挑戰豐富了本書的面向。在她的督促與鼓勵下，本書才得以順利問世。

【推薦序】

海嘯之後，航向偉大航道了嗎？

余孟勳　臺灣公益責信協會　理事長／創辦人

「三十年期的固定利率貸款、低頭期款，以及無論景氣如何都能跟銀行抵押借款等方式，希望能改善中低收入、偏遠地區家庭購置房產的能力。」這是美國小布希政府在二十一世紀初期所推出的政策，立意十分良好，擁有房子確實是弱勢家庭改善生活或脫貧的關鍵，但後來卻招致意想不到的結果：一場史無前例的金融海嘯。

隨著無力償還貸款的違約情事增加，房地產市場泡沫終於在二〇〇七年破裂，進而重挫了相關債券價格。不僅投資人血本無歸，本身也參與投資的知名投資銀行受創嚴重，例如雷曼兄弟（Lehman Brothers）於二〇〇八年九月申請破產。海嘯從房市接著襲捲股市，透過金融體系將全世界淹沒在二戰後最大的蕭條之中。

迄今剛好十年，各國逐漸走出陰霾。經歷這個代價高昂的學習，經濟合作暨發展組織（OECD）認為最重要的是經濟發展的主軸轉移：從強調「成長」，轉為關注人類的「福祉（well-being）」；不再只看國民生產毛額（GDP），也在意所得或財富不平等問題，以及如何確保環境永續。

海嘯之後，社會企業是否帶領我們前往應許之地？

全球經濟思想被改寫、政策被重新框架，社會裡的各個行動者不免都受到影響。首當其衝的就是過去是發展引擎、如今備受質疑的私有企業。一方面如何減輕逐利過程造成的外部傷害，另一方面則是企業的基本邏輯被挑戰，「社會企業」這種意圖兼顧多元價值的組織型態便受到高度矚目及期待。

社會企業名詞在二十年前就有了、概念出現得更早。然而，直到二〇〇六年，尤努斯獲得諾貝爾和平獎後，才被重新召喚，身價水漲船高。社會企業的再現，與這股重塑經濟發展的巨浪不無關聯。

但究其實質，社會企業是否真的能夠帶領人類航向應許之地？十年是適合反思的時間尺度，本書依據證據和邏輯細細比對，滌清讓人眼花瞭亂目眩神迷的各種修辭。

過往的公共討論大多爭辯「社會企業是什麼？」的定義問題，卻始終沒有完美的答案。除了學術門牆裡的知識辯證外，二〇一六年，臺灣王品創辦人戴勝益成立「益品書屋」，被認為共享了大眾對社會企業的誤解；二〇一七年，中國針對「公益向右，商業向左」掀起規模不小的論戰①；甫於蘇格蘭舉辦的社會企業世界論壇（Social

Enterprise World Forum），也還在討論什麼是社會企業。

臺灣自二〇一四「社會企業元年」之後，產官學便熱衷於此大力投入資源，二〇一八年的社會企業世界論壇仍是參與人數第三多的國家。最關鍵的是政權更替之後由科技背景的政務委員唐鳳主責，成立社會創新實驗中心、政院通過五年八十八億的社會創新行動方案，更強調「創新」的概念和實踐。

從趨勢上來看，公眾關注焦點從「誰才是社會企業」這個沒完沒了的價值爭辯，轉移到更具體的實踐。同樣地，本書主要檢驗特定類型組織，而不是參與定義的論戰。這些組織尤指臺灣二〇〇六年後以辦理營利事業登記、並主張其商業行為本身就在解決特定社會問題，「具備社會目的的商業模式」。因為更側重企業觀點，所展現的特質、經營方針、策略以及理念與臺灣早期發展的「非營利組織的商業行為」截然不同。

換句話說，本書並未全盤否定姿態秀異的各種另類經濟模式，而是希望明確指認游移在社會與企業之間，名為公益大義、實則制度套利，不僅無法解決社會問題、甚至加劇傷害的諸般善念或惡意。而作者的批判重點包括：「又能賺錢又能做好事」的宣傳話術、「社會需求商品化」的商業模式，以及承襲「新自由主義」的意識型態。

財務現實、政治參與及社會結構

首先，營利與解決社會問題所需要的能力或邏輯未必相同，「又能賺錢又能做好事」的虛華修辭讓人低估經營實業的艱難。暫不談經營者是否有充足的雙軌知能，創業現場的掙扎顯而易見，要同時達成財務、社會及環境等各面向的精妙平衡並不容易，還是必須有所取捨。除了本書的論證，根據公布於創櫃板五間社會企業概念公司的財務報告，有四間最近三年的營運活動持續現金流出，白話說就是還在燒錢、未能盈利。倘若情況沒有改善，隨著財務壓力升高將會逐步限縮決策空間，實際上無法守住其所宣稱的任何底線。

其次，「社會需求商品化」的商業模式最大的問題是「去政治化」，也就是將社會問題排除在政治議程之外，代之以各種市場問題。書中以微型信貸為例，滿足借貸

①南都基金會創辦人徐永光著書《公益向右，商業向左》，認為應該通過市場機制調動社會力量，將商業策略大程度運用於改善人類的生存環境，也就是常見的社會企業定義：做好事又能賺錢，賺來的錢再拿去做好事。但人民大學公共管理教授康曉光撰文公開反對，認為「商業可以向左，但公益不能向右」。由於二人都是公益部門舉足輕重的學者專家，掀起了學界及實務界的諸多迴響。

的財貨需求，除了未能明確紓緩貧窮問題，這些歸責於個人和市場行為的舉動，反而模糊了國家應該投入基礎建設和公共福利的責任界線。換個角度看，這正與金融海嘯發生前只談拚經濟、不要談政治的趨勢若合符節。事實上，經濟學原名「政治經濟學」（political economics），是關乎眾人權利義務的牽絆，但這門學科越來越以理性科學自我標榜、越遠離社會真實的權力現場而失去預測性和可行性。去政治化的言辭既排除了公共參與，也就無法改動資源分配的邏輯，而不利於結構問題的解決。

最後，「新自由主義」的意識型態認為應該擴大市場的力量，並相信這是解決社會問題的最好途徑。然而作者坦率指出，對於沒有市場潛力的社會問題，社會企業是沒有興趣也無能為力的，仍舊只能留給傳統的慈善團體。這個觀點可以對應音樂家彼德．巴菲特（Peter Buffett）對當前市場力量投入慈善的反思。[1] 承接父親也是知名投資專家華倫．巴菲特（Warren Buffett）的基金會運作多年，他觀察到資本家對慈善的想像太過天真單調，而且更像是為了洗白自己另一手造成的傷害。他訴諸道德情操，認為資本家應回歸人性，並尊重解決社會問題的專業。這種以「利他就是利己」思考為核心的修正意見，被稱之為「開明自利」（enlighted self-interest），目的是希望對資源分配有決定權的人能理解，不管組織運作或投資捐助，從事符合公共利益的選擇最後都會有利於自身。然而過去的資本家雖然有個人選擇，但市場機制的設計、國家角色的退出、整體思想的主流，再再強化了貨幣利益優先的環境；反過來說，不符合這個原則的資本家可能被股東及金融體系排除。

所以務實來看，談及資本對公益事務的影響時，訴諸道德情操聽來高尚但微弱，實際上仍需要將道德期待轉為義務，從結構下手才能促成改變。

社會企業的責信難題

對宣稱要取得資源解決社會問題的行動者而言，無論傳統的慈善組織或新興的社會企業，取信於大眾當然是重要關鍵。建立信任需要過程，對社會企業的諸般檢視、比對和對話，就是實踐「責信」（accountability）。accounts最初指的是為了讓別人理解自己的行為而做出的交代，而如果要夯實信任的基礎，不只主觀上要負起責任（responsible），更要在客觀上可被檢驗（answerable）。

不過，「給交代」本身就是非常複雜的社會活動，因為對話的對象不同，相對應的責信自然不同。更複雜的是，隨著社會變遷，責信標準也在位移。人類社會對「發展」的想像在金融海嘯過後已被修正。哲學及經濟學家Amartya Sen提出以人為本的觀點，認為社會正義應該追求的是「每個人都有平等的權利獲得發展潛能的機會」。具體而言，對責信的影響除了關切受助對象是否能自立發聲，組織運作也需要充分考量利害相關人的多元屬性。

同樣必須廣納利害相關人，社會企業的責信議題卻較傳統的慈善組織更為複雜。混合型態的制度設計帶來更佳的運作彈性，卻也帶來更多的挑戰。社會企業資金可能部分來自公眾（捐款或補助）、部分來自市場（股權募資、銀行貸款或銷售行為），公益與私益的界線不那麼明確，如何課責便成為棘手的難題。

難題之一是不同的利害相關人期待自不相同，而不對稱的影響力有時卻會排擠資源或相互掣肘，期待落差便可能造成困境，例如目前美國的影響力投資人（impact investor，社會企業的創投或股權投資者）仍以財務報酬為準據，很難不影響社會企業的價值取向。另一個難題是如何評估，以及高昂的評估成本。雖然傳統上已有多種社會效益評估工具，但是基本限制仍在，例如社會問題需長時間追蹤變化、不易量化表達等。再加上社會企業尚需考量財務績效，社會與財務意義如何綜合表述仍需討論發展。也因為執行複雜度高，專業要求及金錢成本也就遠超出中小型組織可負荷的範圍。

綜而言之，本書的批判和責信觀點的難題顯然是社會企業發展的天然限制，尤其對中小規模的新創企業更是難以跨越。相對而言，既有企業透過「內部創新」回應更多元的社會責任，反而是較為可行的航路。

真實的世界觀

經由金融海嘯等經驗證明，市場一直都有政府介入、也需要政府某種程度的介入；伴隨著「發展」被重新定義，過去看似不可挑戰的主流觀點被斷然放棄。許諾前往烏托邦的社會企業經過這許多的資源與話語形塑，是否帶著特定視野？

本書並未輕易訴諸常見的資本主義萬惡論，而是揀選用語和案例，精采呈現了當前制度安排中的悖論：對新自由主義既有發展邏輯的修正，可能適得其反地讓新自由主義更為進化而難以指認究責。透過這些思考和比對可以超越表象，更理解實務運作的困頓，以及當中的權衡。以跨部門合作的混搭型式來看（如圖），核心問題正如作者指出的，解決社會問題如果偏

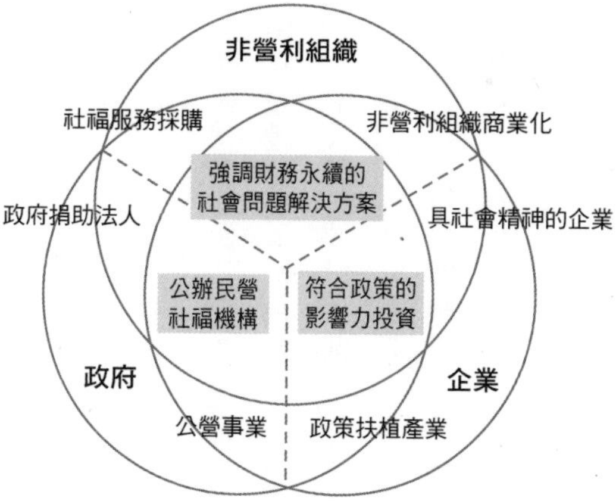

社會安排的各種型式

重鞏固資源，能達到多少效果？自負盈虧的公辦民營，是否奠基於另一種剝削？而企業或資本家的想像，又能跟社會裡的其他行動者對話到什麼程度？唯有將社會中所有行動者的意圖和舉措都納入檢視，才能在各個部門彼此浸潤學習、生成更多混合機制時，確認我們正航向何方。

社會制度的安排

當然，本書的觀點也可以再反過來推敲。「又能賺錢又能做好事」或許是話術，但它真正指向的不是新的企業型態，而是一般企業存在價值的典範轉移：「股東權益極大化」的傳統觀點，現今如何與多元價值妥協？「社會需求商品化」的商業模式或許無法解決大範圍的議題，但透過商業資源解決有限問題，這些個別需求或個人處遇的改善仍應該是有意義的。更何況巨大的結構問題，傳統的解決方式也未能動搖？「新自由主義」主張市場完全去管制化，金融海嘯之後被拿來嚴加批判。但開放與管制之間如何拿捏，實務上需要各種折衝和嘗試。社會企業或許仍是問題的一部，但至少拓展了試驗的前沿？與其「什麼都不做」（going nowhere），不如「什麼都做」（going everywhere）？

如何更明智地追求公共利益，從本書字裡行間可歸納出幾個重點：更普遍的企業社會化（所有的企業都應該成為對更多利害相關人負責的企業）、評估社會效益（分析其動機、提供的勞動條件、組織所付出的成本及努力等）、追求經濟領域的民主、提升透明度、培力在地人群等。話雖如此，理念實踐非常不易，例如臺灣主婦聯盟消費合作社最近推動成立勞動合作社，就遇到勞方的抗爭。②

➤➤➤

對關心社會發展的讀者而言，本書除了讓社會企業的圖像更清晰，更重要的是跳脫常見框架的爭論，得以深潛觀看制度安排的內涵；對解決社會問題的實踐者來說，可以比對自身解決方案的設計，進行更多思辨對話；那怕是本書批判對象的支持者，或可以從對立面的思想有所領會。

地圖上毫米的偏誤，抵達的可能是十萬八千里外的他方。改造社會需要勇氣和熱情前行，但仍要時刻叩問，這是往偉大航道的方向嗎？

---

②主婦聯盟消費合作社計畫將原本直營的取貨站業務，有條件地開放予「勞動合作社」承攬。主婦聯盟主張，推動勞動合作社成立符合合作社精神、社方核心價值，但工會直指社方假意推動勞務自主、實則欲行人力外包，「假承攬真雇傭」，旨在降低人事成本。

【推薦序】

慈悲當真沒有敵人？

陳信行　世新大學社會發展研究所教授

已經紅了一陣子的「社會企業」，其宣稱想要解決的問題，在上世紀三〇年代以後的大多數時候，通常不被認為是「企業」該做的事。這些問題固然千頭萬緒，但是，在當時世界各地通行的各種政治思潮的主流想法中，解決問題的制度安排倒是單純：這些都是國家應該負責的公共事務。

在這些思潮中，舉凡教育文化、衛生醫療、住房交通與水電等基礎設施、農業改良工業提升等技術輔導、扶貧救濟等社會扶助措施，理論上都是一個良善而有能力的政府服務於人民的職能。

如何打造這樣的政府？如何讓它發揮這些為人民服務的職能？從哪裡取得公共支出的財源來支持這些職能？這些是政治問題，需要公共討論、公共決策。至於私人企業，它們的責任與功能應該僅僅是在政府制訂的法規框架之下，盡力牟其私利，倘若市場運作良好，它們的牟利行為會恰好服務消費者的需要，僅此而已。畢竟，私有企業的自由市場運作，在一九三〇年代經濟大蕭條的那場人為大災難中，可說是威信全失了。

當公共事務還是政府的責任

採取這種觀點的二十世紀政治力量不僅僅是共產主義陣營或西歐、北歐社會民主黨派，在第二次世界大戰中覆亡的法西斯陣營也多半如此。連美國這個高度信仰企業自由的國家，從小羅斯福政府試圖對付一九三〇年代經濟大蕭條的一系列舉措以來，對企業經營都是層層管制，而重大新興事物多半由各級公部門機構來規劃執行：從建設縱橫全國的高速公路系統、到撲滅傳染疾病的計畫、到公共住宅的興建、到婦女兒童營養的改善。大學裡面：理工醫農、公共政策、乃至各種社會科學領域的教學研究，往往或隱或顯地服務於這些重大國家政策。事實上，興辦大學往往也是這組公共政策的一環。

除了已經工業化了的「北方」國家之外，二次大戰後，前殖民地紛紛獨立所建立的新國家，或者在拉丁美洲試圖擺脫半殖民地地位的各國開明派政府，固然一時沒有足夠的資源來興辦這些進步計畫，但也多半認為「發展」這回事，就是以各種方法厚植國家服務人民的公共需求的能力。如果當時的政府是在外來殖民者或其傀儡手中，因而沒有意願推動「真正的發展」，則人民必須發動民族解放鬥爭來爭取真正屬於自己的國家。如果獨立了的國家掌握在少數獨裁菁英手中，而不是服務於人民群眾的需求，則必須發動民主抗爭來讓「真正的發展」成為國家的目標。如果獨裁菁英背後有帝國主義勢力撐腰，則群眾需要的是「民族民主鬥爭」。總之，為了讓現在「社會企業」運動矢言要實施的這些措施能夠實現（雖然實現的道路或許有各式各樣），千萬人不惜拋頭顱灑熱血，以求犧牲換來同胞未來的幸福。

美國在一九六〇—一九七五年打輸了的越戰，或許是二十世紀這種「第三世界民族民主鬥爭」最尖銳而具象的衝突。但尖銳程度不同的衝突幾乎遍布全球。面對這些「求發展」的渴望，美、英、法、日等前殖民國家及其最主要的競爭者——蘇聯陣營與後來的中國——紛紛提供大量的官方發展援助（ODA）給前殖民地國家，開辦各種「發展計畫」，除了明擺著的地緣政治影響力之爭外，許多還真的是真誠地希望這些計畫能夠改善被援助國人民的狀況。

臺灣農村社會與經濟在一九五〇—六〇年代的改頭換面，以及一九六〇—七〇年代的工業起飛，各種美國援助計畫的關鍵角色是不可否認的。在這數十年的發展援助潮中，聯合國的許多下屬組織不僅僅扮演了協調的角色，也成為辯論各種發展議題的論壇：發展組織（UNDP）、糧農總署（FAO）、世衛組織（WHO）、教科文組織（UNESCO）等等。雖然臺灣不在聯合國體系已久，對它們有點陌生，但是大家仔細爬爬這些組織的網站，本書的各種「社會企業」所想要解決的問題，多半都在聯合國這些龐大的體系中討論過、嘗試過、總結過。

社會主義體系制崩潰，資本主義是唯一選擇？

美蘇競爭的局面並沒有維持很久。從蘇聯與中國一九八〇年代的改革開放開始，到一九九二年蘇聯集團的正式瓦解，第三世界的各個貧窮國家，從全球地緣政治中雙方競相爭取的對象，變成可有可無。而富裕資本主義國家中，在一九三〇—一九七〇年代，統治階級往往擔心國內貧窮社群的問題如果沒有好好解決，它們就會成為社會主義政治力量的天然支持者。到了一九八〇年代，從英國的柴契爾開始，統治階級可以安心地指著蘇聯與中國崩潰中的社會主義體制，告訴人們「別無出路」——別再指望有一個不同的社會經濟政治願景了，我國當前這套不管讓你多不滿意，已經是永垂不朽了。

就這樣，二十世紀第三世界民族解放運動與工業國家的各種改革與革命潮流，灰溜溜地結束了。但是，以往二十世紀各門各派知識分子、政黨群眾藉著討論「國家的出路」、「社會的未來」之類的巨大問題所想要挑戰的大大小小林林總總的困境，並沒有因而消失：某村的婦女還是每天要去挑水、某鄉的疫病還是缺醫少藥無法根治、某國的孩子還是普遍上不了學，而貧窮國家與地區的人們用腳投票，有辦法的紛紛離鄉背井到富裕國家打工去。一九八〇年代起中美洲與墨西哥人民開始大量走向美國；二〇一〇年代隨著中東北非戰局，成千上萬人甘冒生命風險逃往歐洲，其中許多是「經濟難民」——換句話說，是逃荒、而不是逃兵災。而富裕國家的許多國民對此越來越覺得不能忍受，因為隨著自己國內的貧富差距三十年來的不斷拉大，國內工人階級貧窮問題已經益發明顯，哪能容得再來更多人搶頭路？

市場主宰一切，做生意可以是做慈善？

「社會企業」的口號，就是在這個時代脈絡中出現。在一九三〇年代以前，「社會關懷」與「企業經營」對有錢人來說，是生活中截然二分的兩面：企業經營不擇手段、只為私利，賺了錢再來「回饋社會」、做慈善、積功德。二〇一四年臺灣爆發的頂新劣油案食安事件引發眾怒，一部分就在於，民眾們發現，原來臺灣數一數二的企業家兼慈善家，對自己立身處世抱的是這種非常老派的價值觀。一九三〇—一九八〇年代左右，「社會企業」的說法也難以想像：那些都是各級政府該做的啊？政府不能做？不願做？沒能力做？那該問阻礙何在。能改革的，就推動改革吧；該革命時，就發動起義吧。但是在推動國家來改革社會這個想法，差不多已經被認為過時的時候，當市場似乎主宰一切的時候，如何改革企業經營的手法，讓做生意跟做慈善成為同一回事，看來還是值得嚴肅思考的。

本書所探討的「社會企業」的個案，及其所分析的各種弊病，應該讓我們好好檢視，這會不會是深思辯論大問題找不到出路時，一種偷懶的習慣性思考？這些個案往往花更多時間精力在募資行銷與形象打造，而更少在探究服務對象的需求、讓服務對象能夠發聲參與。如果換到選舉政治的場域，人們或許就容易辨識出某種風格的政黨或候選人是來騙票的，跟以前那些差別不大。但是，把自己擺在企業與市場中，這些風格反倒顯得清新了。

《靜思語》說「慈悲沒有敵人」。真的嗎？當有人竭盡心力把慈悲拿來包裝行銷的時候，或許這就是慈悲的敵人。

【推薦序】

社會問題，真的能商品化嗎？

褚士瑩　國際NGO工作者／作家

作為一個NGO工作者，我最難忘的一天，是我在將近二十年前剛進入緬甸蹲點的時候，為了得到當地社區意見領袖的支持，到聯合國計畫開發署（UNDP）辦公室駐仰光的辦公室，去拜訪一位大家公認很有智慧的長者U Thein Aung。

我口沫橫飛，說了一堆希望將商業的效率帶進傳統公部門預算型的慈善計畫裡，以及計畫的梗概，然後他從高高的文件堆裡抬起頭，拿下老花眼鏡，溫和但嚴肅地問我說：

「我只有一個問題。我們國家這麼窮，你來這裏是打算要『為』社區工作，還是『與』社區工作？」（Are you here to work for the community, or with the community?）

我想了兩秒說：「我是來與社區一起工作的。」

就憑著我這句話，他毅然從聯合國辭職，跟我開始一起工作，直到現在。他甚至說，未來的有生之年，也要把所有剩下的力氣，用在我們共同努力的計畫上。

在衝突地區長期面對社會問題的經驗，讓我深刻意識到，有效的、可預期的長期影響，真正的重點根本不在於用販賣或援助的形式來面對社會問題，也不在於掛的招牌是非營利組織、社會企業，還是營利事業公司，而是在參與者的「態度」。

徐沛然在新作《社企是門好生意？》裡說，真正的重點是「如何提昇當地的能力、技術、知識和經驗。能夠培養出發展中國家自己的專家，他們就可以在自己社會的脈絡當中，滿足他們自己的需求和解決問題。」、「這就是『為』發展中國家設計，和『讓』發展中國家設計的不同。而後者往往才能夠帶來更長期有效的改變。」

我同意他所說的，在強調以商業行為賺取收入的社會企業定義中，把社會問題商品化，就算能夠滿足更多的「需求」，也不等於真正「解決問題」，如同他書裡所舉例：「不處理、也不說明這些更為深層或直接的問題，只強調消費其淨水產品就能夠拯救眾生，不僅有避重就輕，誤導民眾之嫌，這樣的商業手法恐怕也有倫理爭議。」

即使是同一個社會企業，開枝散葉之後，在地負責人不同的經營理念，也會產生質變。徐沛然以世界各國協助街友自立的《大誌》雜誌（*The Big Issue*）為例，解釋其通常除了販售雜誌，還會另行成立基金會，再由基金會協助銷售員解決食衣住行方面的問題。然而，臺灣的《大誌》在二〇一〇年創刊，一年半後就宣稱達到收支平衡，但一直到二〇一八年底為止，都還沒有循相同模式成立扶助銷售員的基金會，只是不斷強調「購買《大誌》就等於幫助街友」的說法。當然即便成立基金會，也還是有著各種問題。包括像（書裡的另一個例子）養樂多公司跟養樂多媽媽之間一樣，《大誌》仍舊不承認和銷售員之間的雇傭關係。

「當社會行動者被社會企業家取代；集體行動被個別消費取代；政治被專家治理取代；集體互助被個人主義取代；合作被『社會資本市場』的競爭取代；多樣化的工作成果被標準化的『社會投資回報』取代；公民和公民權利被轉化為客戶或消費者；經濟和政治的權利被定義為『擁有更多的選擇』，那麼這還是我們嚮往的社會問題解藥嗎？」

徐沛然透過案例提醒我們，或許應該更仔細端詳藏在細節中的魔鬼。

社會企業除了有很大比例仍然得到政府的資金挹注，以至於不是真正的企業，另一個更值得擔憂的是，許多成功的社會企業都使用「購買者」和「使用者」分開的商業模式，以至於喜歡這些產品、出錢購買產品贈送給使用者的有錢人，並不是真正的「使用者」；而窮人作為產品的使用者，往往住在世界的另外一頭，既沒有人問他們對於產品的意見，也沒有資格要求售後服務。真正的使用者被消音，對產品的意見也無法透過市場機制回饋。也就是說，無論使用者對產品的評價與好惡如何，都不會影響產品的銷售數字，讓許多社會企業靠著這個漏洞，舒適地生存在倫理的灰色地帶。正如徐沛然所強調的：

「受贈的使用者對產品或服務的提供者來說，另外的重要作用就是提供一些感人的故事，或是幸福開心地使用產品的影像，以滿足購買者『行善』或『幫助他人』的心理需求。畢竟對於購買者來說，透過產品的生產者傳遞訊息，是他們認識使用者的最主要途徑。而當然不會有任何的產品生產者或服務提供者，會主動向客戶揭露其產品或服務的負面訊息。」

就像標榜窮人銀行的微貸計畫，如果只是推廣「大家一起借錢做生意」，而不去面對並處理這些製造貧窮真正的結構性原因，就算有少數成功案例成為看板明星，整體社會卻還是繼續處在貧困之中。同樣的，如果不去處理，也不向出資者說明這些更為深層或直接的問題，只強調沒有錢可以借錢，或是沒有安全用水可以購買淨水產品，認為這就能取代政府的失能，那不但避重就輕、誤導民眾，這種商業手法也曲解了經濟行為、強賦予道德詮釋，實際上只會造成新的倫理爭議。

這也是為什麼徐沛然強調，社會企業「需要以公益或慈善為目的」的初衷，往往淪為「作文比賽」。只要有高明的話術，知道怎麼強調企業社會功能，幾乎所有的企業都可以被包裝成社會企業。

「在卸下這層話術包裝之後，社會企業和一般企業並沒有本質上的差別。社會企業就是企業，要能夠滿足消費者需求，要能夠賺錢。這也是為什麼當我們順著社會企業的邏輯與定義分析時，會得出『Living Goods、聯合利華跟安麗都是社會企業』的結果。」

「社會企業」這幾個字，就像過往的樂活、有機、國民幸福指數一樣，陷入望文生義但概念模糊不清的窘境，鮮少從本質被思考、被質疑，徐沛然從批判的觀點來分析社會企業，無疑是勇敢的。如果我們能夠因此意識到，社會企業並不是解決社會問題的萬靈丹，將社會問題商品化也不等於「解決社會問題」，且我們對於解決社會問題真正需要的能力、使用的邏輯以及必須具備的態度，必須重新思考；那麼，或許對於正在找路的夢想家，這本書就能成為一記難能可貴的當頭棒喝。

【推薦語】

社會企業是國王的新衣？

社企已然成為全民運動：教授帶大學生解決社區問題，想像著大學生的創意可以創業；企業的一日志工讓在辦公室吹冷氣的上班族到偏遠地區體驗底層文化；社福組織推動社企，想像有一天可以賺錢回饋做服務。不是參與者沒反省，而是利之所趨，讓人不願戳破這個美夢，因社企是產官學利益分配的新風潮。沛然帶頭喊出國王沒穿衣服的事實，令人好奇，國王是否會因此面對產業升級的困境、青年就業的瓶頸、社會安全網的破洞與福利保障的缺位？

——王增勇　政大社工所教授

這是一本來得及時的書。在「社會企業」成為當紅名詞以及流行解方的當下，作者透過國內外社企實踐經驗來提醒我們：無心碰觸社會實質的矛盾，同時又缺乏民主參與機制的社會企業，其凸顯出的問題，恐怕遠比解決的還要多。想要認識或投身社會公益事業，這是一本既標明了沿途美麗風景、同時也清楚定位路上荊棘的絕佳指南。

——邱毓斌　屏東大學社會發展學系副教授／臺灣人權促進會執委

引用出處

前言

1. Edwards, 2009.

第一章

1. Defourny & Nyssens, 2010.
2. Defourny & Nyssens, 2010.
3. LegislationGovUk, 2005.
4. CommunityCompanies.
5. CommunityCompanies.
6. 根據《2005年社區利益公司條例》(Community Interest Company Regulations 2005)第三款的規定。
7. Witchard, 2017.
8. interSector Partners, 2018.
9. "State by State Status of Legislation," 2018.
10. BLab, 2010.
11. 加州2011年通過「靈活目的公司」(Flexible Purpose Corporation)立法。而於2014年通過新法案將其更名為「社會目的公司」。"SB-1301 Corporate Flexibility Act of 2011: Social Purpose Corporations Act," 2014.

12. Rhee, 2017.
13. Cohn & Ames, 2014.
14. "Social Enterprise Promotion Act," 2011.
15. 本段關於B Corp的說明和資訊均來自於B Lab官方網站 http://www.bcorporation.net
16. http://www.bcorporation.net/become-a-b-corp/why-become-a-b-corp/save-money-and-access-services
17.「社會企業行動方案」(103-105年),核定本,2014。
18.《2016.10.18　經濟部中小企業處　社會企業行動方案報告》,2016。
19. Garrow & Hasenfeld, 2014.
20. Cook, Dodds, & Mitchell, 2003.

第二章

1. Jamie, 2015.
2. 林上祚,2016。
3. 倪世傑,2008。
4. 吉田太郎,2007。
5. Altieri & Funes-Monzote, 2012.
6. 臺灣社會工作人員專業工作協會,2012。

第三章

1. 麥克・金斯利, 2009.
2. Flakin, 2008.

3. Lane, 2010.
4. Field, 2012.
5. 卡爾・弗蘭克爾 & 艾倫・布隆伯格，2014。.
6. Lane, 2010.
7. Field, 2014.
8. "10 biggest corporations make more money than most countries in the world combined," 2016.
9. Bland, 2014.
10. Gasca, 2017.
11. 張讀行，2013。
12. 社會創新人才培育網，2012。
13. Wilson, 2017.
14. 王貝林，2012。

第四章

1. 本段《大誌》簡介整理自臺灣《大誌》官方網站。
2. 〈The Big Issue 大誌：用媒體重塑你我對弱勢的價值觀〉，2016。
3. 王朝鈺，2016。
4. 沈慶盈 & 陳良輔，2013。
5. 沈慶盈 & 陳良輔，2013。
6. 陳良輔，2011。
7. 《販售場所》，2018。
8. 台北大眾捷運股份有限公司。
9. 張清浩，2003。

10. 黃仲豪 & 林以涵，2012。
11. 社企流（2017）:《開路：社會企業的10堂課》，初版。臺灣：聯經。
12. 黃仲豪 & 林以涵，2012。
13. 張達智，2018。
14. Jessica, 2014.
15. 黃天如，2018。
16. Wilson, 2017.
17. 105年臺灣出版產業調查報告，2016。
18. 黃仲豪 & 林以涵，2012。
19.〈The Big Issue 大誌：用媒體重塑你我對弱勢的價值觀〉，2016。
20. 黃仲豪 & 林以涵，2012。
21. 活動志工召募（第六期），2010。
22. 大誌雜誌招募 大臺北以外地區大專院校 校園推廣志工，2015。
23. TBI 華山小木屋發行站 志工召募。
24. TBI, 2018.
25. Fremlova.
26. Drury, 2017.
27. https://www.bigissue.com/about/
28. https://www.gov.uk/national-minimum-wage-rates

第五章

1. Yunus & Jolis, 2007.
2. "The State of the Microcredit Summit Campaign Report 2015," 2016.
3. 盛志君 & 牟曉偉，2011。

4. Karnani, 2007.
5. 〈印度小額貸款危機〉(Small-scale Loan Crisis in India)。
6. 6 Roodman, 2010.
7. Roodman, 2011.
8. *Is Informal Normal? Towards More and Better Jobs in Developing Countries*, 2009.
9. Karnani, 2007.
10. Donald, 2014.
11. 阿比吉特・班納吉&艾絲特・杜芙若，2016。
12. 阿比吉特・班納吉&艾絲特・杜芙若，2016。
13. Roodman & Morduch, 2009.
14. Bateman, 2010.
15. Duvendack et al., 2011.
16. Karim, 2011.
17. Cons & Paprocki, 2008.
18. Dichter, 2007.
19. Rahman, 2001.
20. 張夏準，2014。
21. Esty, 2014.
22. Bank.
23. Cons & Paprocki, 2008.
24. Karim, 2011.
25. Bateman, 2010.
26. Drake & Rhyne, 2002.
27. 尤努斯於其著作中，以及多次公開演講中均明確主張其信貸人權的觀

點。《窮人的銀行家——尤努斯（2006年10月22日，北京大學演講錄）》
28. Mader, 2015.
29. Karnani, 2007.

第六章

1. Witkin, 2010.
2. UnchartedPlay, 2012.
3. Wetzel, 2015.
4. UnchartedPlay, 2013.
5. UnchartedPlay, 2013.
6. UnchartedPlay, 2014.
7. Hernandez, 2013.
8. Collins, 2014.
9. 世界衛生組織，2016。
10. 國際行動十年辦公室，2004。
11. 聯合國大會，2010。
12. March, 2006.
13. Erasmus, 2008.
14. Erasmus, 2008.
15. Rocha, 2011.
16. Costello, 2005.
17. Zenios, 2012.
18. *An Evaluation of the PlayPump® Water Systemas an Appropriate*

Technology for Water, Sanitation and Hygiene Programmes, 2007.
19. Costello, 2010.
20. Lucia & Erpf, 2008.
21. Scott, 2010c.
22. Lucia & Erpf, 2008.
23. Costello, 2010.
24. *An Evaluation of the PlayPump® Water Systemas an Appropriate Technology for Water, Sanitation and Hygiene Programmes*, 2007.
25. Lucia & Erpf, 2008.
26. Chambers, 2009.
27. Lucia & Erpf, 2008.
28. Lucia & Erpf, 2008.
29. Scott, 2010b.
30. Zenios, 2012.
31. Lucia & Erpf, 2008.
32. An Evaluation of the PlayPump® Water Systemas an Appropriate Technology for Water, Sanitation and Hygiene Programmes, 2007.
33. Martin, 2009.
34. Costello, 2010.
35. *An Evaluation of the PlayPump® Water Systemas an Appropriate Technology for Water, Sanitation and Hygiene Programmes*, 2007.
36. Lucia & Erpf, 2008.
37. Lucia & Erpf, 2008.
38. *An Evaluation of the PlayPump® Water Systemas an Appropriate Technology for Water, Sanitation and Hygiene Programmes*, 2007.

39. Lucia & Erpf, 2008.
40. Lucia & Erpf, 2008.
41. Borland, 2011.
42. Lucia & Erpf, 2008.
43. Scott, 2010a.
44. *An Evaluation of the PlayPump® Water Systemas an Appropriate Technology for Water, Sanitation and Hygiene Programmes,* 2007.
45. Lucia & Erpf, 2008.
46. Chambers, 2009.
47. *An Evaluation of the PlayPump® Water Systemas an Appropriate Technology for Water, Sanitation and Hygiene Programmes,* 2007.
48. Martin, 2009.
49. Vandendriessche, 2012.
50. PlayPumps, 2017.
51. Case, 2010.
52. Zenios, 2012.
53. Internal Revenue Service.
54. Jianan, 2011.
55. UnchartedPlay.
56. Schwartz, 2011.
57. Collins, 2014.
58. 臺灣電力公司，2012。
59. Donaldson, 2008.
60. Department for Business, 2011.
61. Whalan, 2014.

62. LifeStraw.
63. WaterIsLife.
64. *Water Safety Plans: Helping People in South Asia access safer, cleaner water, 2015.*
65. Preventing waterborne disease.
66. OrphanNutrition.
67. 世界衛生組織，2014。

第七章

1. Odede, 2010.
2. Frenzel, Koens, Steinbrink, & Rogerson, 2015.
3. Watson, 2016.
4. Weiner, 2008.
5. Frenzel, 2016.
6. Monroe & Bishop, 2016.
7. Monroe & Bishop, 2016.
8. UNICEF, 2011.
9. TourismConcern, 2017.
10. ChildSafeNetwork, 2005.
11. Macha, 2013.
12. 董俞佳，2014。
13. 人生百味，2017。
14. 臺北DiD黑暗對話社會企業。
15. 臺北DiD黑暗對話社會企業。

16. 臺北DiD黑暗對話社會企業。
17. 黑暗對話社會企業，2016。
18. 臺北DiD黑暗對話社會企業。
19. 謝邦俊&蔣筱鈺，2014。
20. 楊聖弘，2014。
21. 李秉宏，2014。
22. 李永昌，2003。

第八章

1. "IMPROVING LIVELIHOODS FOR THOUSANDS OF WOMEN ENTREPRENEURS," .
2. 世界銀行。
3. "Enhancing livelihoods through Project Shakti," .
4. "Fighting for the next billion shoppers," 2012.
5. "Water-smart products for water-stressed living," .
6. "Fighting for the next billion shoppers," 2012.
7. Amway, 2018

各界推薦

1. 全文詳見 https://www.nytimes.com/2013/07/27/opinion/the-charitable-industrial-complex.html

參考文獻

前言

Edwards, M. (2009). "Oil and Water or the Perfect Margarita?" Where is the "Social" in "The Social Economy?". *The Philanthropist*, 22.2, 7.

第一章

《2016.10.18_經濟部中小企業處_社會企業行動方案報告》(2016)。獲取於 https://speakerdeck.com/audreyt/2016-dot-10-dot-18-she-hui-qi-ye-xing-dong-fang-an-bao-gao

BLab. (2010). Maryland First State in Union to Pass Benefit Corporation Legislation. Retrieved from http://www.csrwire.com/press_releases/29332-Maryland-First-State-in-Union-to-Pass-Benefit-Corporation-Legislation

Cohn, S. R., & Ames, S. D. (2014). Now It's Easier Being Green: Florida's New Benefit and Social Purpose Corporations. *Florida Bar Journal*, 88(9).

CommunityCompanies. Community Interest Companies. Retrieved from https://www.communitycompanies.co.uk/community-interest-companies

Cook, B., Dodds, C., & Mitchell, W. (2003). Social entrepreneurship—False premises and dangerous forebodings. *Australian Journal of*

Social Issues, 38(1), 57-72.

Defourny, J., & Nyssens, M. (2010). Conceptions of Social Enterprise and Social Entrepreneurship in Europe and the United States: Convergences and Divergences. *Journal of Social Entrepreneurship*, 1(1), 21.

Garrow, E. E., & Hasenfeld, Y. (2014). Social enterprises as an embodiment of a neoliberal welfare logic. *American Behavioral Scientist*, 58(11), 1475-1493.

interSector Partners, L. C. (2018). Latest L3C Tally.Retrieved from https://www.intersectorl3c.com/l3c

LegislationGovUk. (2005). The Community Interest Company Regulations. Retrieved from http://www.legislation.gov.uk/uksi/2005/1788/contents/made

Rhee, R. J. (2017). A Legal Theory of Shareholder Primacy. *Minnesota Law Review, 102*, 4.

SB-1301 Corporate Flexibility Act of 2011: Social Purpose Corporations Act, SB-1301, Senate of California (2014).

Social Enterprise Promotion Act, 9394, National Assembly of the Republic of Korea (2011).

State by State Status of Legislation. (2018). Retrieved from http://benefitcorp.net/policymakers/state-by-state-status

Witchard, C. (2017). *CIC Regulator: Annual Report 2016 to 2017*. Retrieved from https://www.gov.uk/government/publications/cic-regulator-annual-report-2016-to-2017

社企流:〈基本概念〉。獲取於: http://www.seinsights.asia/aboutse

《社會企業行動方案（103-105年）（核定本）》（2014），經濟部。獲取於 https://www.ey.gov.tw/Upload/RelFile/26/716149/8d8b6be7-0e21-4a37-9c72-871e28b325d2.pdf.

第二章

Altieri, M. A., & Funes-Monzote, F. R. (2012). The Paradox of Cuban Agriculture. *Monthly Review*.

Jamie. (2015). MR JAMIE. Retrieved from http://mrjamie.cc/2015/01/22/why-startups-fail/

倪世傑（2008，04/10/2018）:〈古巴的有機農業發展〉。《立報》。

吉田太郎（2007）:〈綠色古巴〉。《青芽兒》。

林上祚（2016，6/30）:〈遭控抄襲「老人接送」服務模式 綠委批中興保全：大企業霸凌小社企〉。《風傳媒》。獲取於 http://www.storm.mg/article/136377

臺灣社會工作人員專業工作協會（2012）:《臺灣社會工作人員勞動權益研究》。臺北。

第三章

10 biggest corporations make more money than most countries in the world combined. (2016). Retrieved from http://www.globaljustice.org.uk/news/2016/sep/12/10-biggest-corporations-make-more-money-most-countries-world-combined

Bland, J. (2014). Who lives the longest? Retrieved from http://socialbusinessint.com/2014/06/who-lives-the-longest/

Field, A. (2012, 05/04/2012). IRS Rule Could Help the Fledgling L3C Corporate Form. *Forbes*.

Field, A. (2014, 01/11/2014). North Carolina Officially Abolishes The L3C.

Forbes.

Flakin, W. (2008). Protests in Switzerland against the World Economic Forum. Retrieved from https://www.indymedia.org.uk/en/2008/01/389914.html

Gasca, L. (2017). 3 reasons why social enterprises fail – and what we can learn from them.

Lane, M. J. (2010). What is the Illinois Low-Profit Limited Liability Company?, 8. Retrieved from http://www.marcjlane.com/clientuploads/PDFs/L3C_Booklet_042010.pdf

Wilson, A. (2017). Wholly sustainable social enterprises are a myth.

Retrieved from https://www.pioneerspost.com/news-views/20170914/wholly-sustainable-social-enterprises-are-myth

卡爾・弗蘭克爾, & 艾倫・布隆伯格（2014）:《如何打造社會企業：以人為本的新商機，幸福經濟帶來大收益》。臺灣：時報出版。

社會創新人才培育網（2012）:〈臺灣農夫—王順瑜〉。獲取於 http://www.ensit.tw/?p=1043

第四章

Drury, I. (2017, 05/03/2017). Judges crack down on poor EU migrants selling The Big Issue to register as self-employed and claim benefits. *Daily Mail*.

Jessica. (2014). The Big Issue Taiwan. 雜誌販售日記。獲取於：https://tinyurl.com/yc9lmbt3

《105年臺灣出版產業調查報告》（2016）。獲取於 http://mocfile.moc.gov.tw/mochistory/images/Yearbook/2016survey/book1/index.html

TBI 華山小木屋發行站 志工召募。獲取於 http://www.bigissue.tw/node/13
〈The Big Issue 大誌：用媒體重塑你我對弱勢的價值觀〉（2016）。獲取於 https://littlepost.hk/2016/10/21/littletaiwan3/
大誌雜誌招募 大臺北以外地區大專院校 校園推廣志工（2015）。獲取於 https://www.facebook.com/bigissue.tw/posts/10152840154098697:0
王朝鈺（2016）:〈給魚也給竿 街友賣雜誌找回自信〉。《中央社》。獲取於 https://www.taiwannews.com.tw/ch/news/2975099
王貝林（2012，08/22/2012）:〈大專畢業 起薪卡在22K〉。《自由時報》。獲取於：http://news.ltn.com.tw/news/focus/paper/609206
沈慶盈, & 陳良輔（2013）:〈社會企業與街友一從大誌雜誌的經營談起〉。《社區發展季刊》，143, 9。
活動志工召募，第六期（2010）。獲取於 http://www.bigissue.tw/node/11
販售場所（2018）。獲取於 http://www.bigissue.tw/channel
陳良輔（2011）:《當遊民遇上社會企業—大誌雜誌對遊民的服務歷程及其影響之探討》。臺灣師範大學。Available from Airiti AiritiLibrary database. (2011)
麥克・金斯利（2009）:《從貪婪到慈悲-啟動金字塔的商機》。臺北市：天下雜誌股份有限公司。
黃仲豪, & 林以涵（2012）:〈街友自力更生的另一哩路——大誌雜誌〉。獲取於 http://www.seinsights.asia/story/250/14/618
黃天如（2018，01/03）:〈全國街友年增1倍、新北市增5倍 給這群人2018最溫暖的關懷〉。獲取於 http://www.storm.mg/article/378979
張清浩（2003）:〈論勞動契約之當事人——僱主與勞工〉。獲取於 http://www.lawtw.com/article.php?template=article_content&area=free_browse&parent_path=,1,561,&job_id=26868&article_category_id=1166&article_id=12267

張讀行（2013）:〈年輕人，你可以選擇拒絕：關於我在臺灣農夫的18K日子〉。獲取於https://www.ettoday.net/news/20130106/148294.htm

張達智（2018，06/21）:〈養樂多媽媽沒勞保 出車禍公司送一盒水果〉。《中時電子報》。獲取於http://www.chinatimes.com/realtimenews/20180621002561-260402

臺北大眾捷運股份有限公司。旅運量。獲取於https://www.metro.taipei/cp.aspx?n=FF31501BEBDD0136&s=1B495F57E6E58102

第五章

Bank, G. 16 Decisions. Retrieved from http://www.grameen.com/category/16-decisions/

Bateman, M. (2010). *Why Doesn't Microfinance Work?: The Destructive Rise of Local Neoliberalism* (1 ed.): Zed Books.

Cons, J., & Paprocki, K. (2008). *The Limits of Microcredit - A Bangladesh Case*. Retrieved from http://www.jasoncons.net/uploads/1/4/9/7/14977250/cons_the_limits_of_microcredit_a_bangladesh_case_2008.pdf

Dichter, T. (2007). *What's Wrong with Microfinance?* : Practical Action.

Donald, S. (2014). Why We (Still) Don't Recommend Microfinance. Retrieved from https://www.givingwhatwecan.org/post/2014/03/why-we-still-dont-recommend-microfinance/

Drake, D., & Rhyne, E. (2002). *The Commercialization of Microfinance: Balancing Business and Development* (1 ed.): Kumarian Press.

Duvendack, M., Palmer-Jones, R., Copestake, J. G., Hooper, L., Loke, Y., & Rao, N. (2011). *What is the evidence of the impact of microfinance*

on the well-being of poor people? (ISBN: 978-1-907345-19-7). Retrieved from London:

Esty, K. (2014). 5 Reasons Why Muhammad Yunus Focuses on Lending to Women. Retrieved from http://www.impatientoptimists.org/Posts/2014/01/5-Reasons-Why-Muhammad-Yunus-Focuses-on-Lending-to-Women

Is Informal Normal? Towards More and Better Jobs in Developing Countries. (2009). OECD.

Karim, L. (2011). *Microfinance and Its Discontents: Women in Debt in Bangladesh*: Univ Of Minnesota Press.

Karnani, A. (2007). Microfinance Misses Its Mark. Retrieved from http://www.seinsights.asia/story/688/130/2581

Mader, P. (2015). *The Political Economy of Microfinance: Financializing Poverty* (1 ed.): Palgrave Macmillan.

Rahman, A. (2001). *Women And Microcredit In Rural Bangladesh: An Anthropological Study Of Grameen Bank Lending*: Westview Press.

Roodman, D. (2010). Quick: What's the Grameen Bank's Interest Rate? Retrieved from https://www.cgdev.org/blog/quick-whats-grameen-banks-interest-rate

Roodman, D. (2011). Does Compartamos Charge 195% Interest? Retrieved from https://www.cgdev.org/blog/does-compartamos-charge-195-interest

Roodman, D., & Morduch, J. (2009). *The Impact of Microcredit on the Poor in Bangladesh: Revisiting the Evidence*. Retrieved from https://www.cgdev.org/publication/impact-microcredit-poor-bangladesh-revisiting-evidence-working-paper-174-june-2013

The State of the Microcredit Summit Campaign Report 2015. (2016). Retrieved from https://stateofthecampaign.org/read-the-full-2015-report/#anchor03

Yunus, M., & Jolis, A. (2007).《窮人的銀行家》，曾育慧譯，第1版。臺灣：聯經出版公司。

印度小額貸款危機（Small-scale Loan Crisis in India）。獲取於http://wiki.mbalib.com/zh-tw/%E5%8D%B0%E5%BA%A6%E5%B0%8F%E9%A2%9D%E8%B4%B7%E6%AC%BE%E5%8D%B1%E6%9C%BA

張夏準（2014）:《資本主義沒告訴你的23件事》，胡瑋珊譯，第1版。臺灣：五南。

盛志君, & 牟曉偉（2011）:〈印度小額貸款危機成因分析及對中國的啟示〉。《特區經濟》。

〈窮人的銀行家——尤努斯〉（2006年10月22日，北京大學演講錄）。獲取於http://wangkeqin.blog.sohu.com/17852420.html

阿比吉特・班納吉, & 艾絲特・杜芙若（2016）:《窮人的經濟學：如何終結貧窮？》，許雅淑&李宗義譯。臺灣：群學。

第六章

Borland, R. (2011). 10 problems with the PlayPump. Retrieved from http://objectsindevelopment.net/wp-content/uploads/2011/04/10-problems-with-the-PlayPump.pdf

Case, J. (2010). The Painful Acknowledgment Of Coming Up Short. Retrieved from https://casefoundation.org/blog/painful-acknowledgment-coming-short/

Chambers, A. (2009). Africa's not-so-magic roundabout. Retrieved from

https://www.theguardian.com/commentisfree/2009/nov/24/africa-charity-water-pumps-roundabouts

Collins, J. (2014). Impoverished kids love the soccer ball that powers a lamp — until it breaks. *Tracking Charity: A Global Investigative Project*. Retrieved from https://www.pri.org/stories/2014-04-08/impoverished-kids-love-soccer-ball-powers-lamp-until-it-breaks

Costello, A. (2005). South Africa: The Play Pump Turning water into child's play. Frontline. Retrieved from http://www.pbs.org/frontlineworld/rough/2005/10/south_africa_th.html

Costello, A. (2010). Troubled Water: Watch The Full Program. Forntline. Retrieved from http://www.pbs.org/frontlineworld/stories/southernafrica904/video_index.html

Department for Business, I. S. (2011). *Trade and investment for growth*. Retrieved from https://www.gov.uk/government/publications/trade-and-investment-for-growth

Donaldson, K. (2008). Why to be Wary of 'Design for Developing Countries'.

Ambidextrous, 9, 3.

Erasmus, J. (2008). Tapping into ingenuity. Retrieved from https://www.brandsouthafrica.com/people-culture/people/tapping-into-ingenuity010708

An Evaluation of the PlayPump® Water Systemas an Appropriate Technology for Water, Sanitation and Hygiene Programmes. (2007). Retrieved from https://www-tc.pbs.org/frontlineworld/stories/southernafrica904/flash/pdf/unicef_pp_report.pdf

Hernandez, G. R. (2013). Soccket goes to Mexico! Retrieved from http://

www.childfund.org.au/blog/soccket-goes-mexico

Internal Revenue Service, I. Tax Information for Charitable Organizations. Retrieved from https://www.irs.gov/charities-non-profits/charitable-organizations

Jianan. (2011). 美國非營利組織管理。獲取於 http://blog.sina.com.cn/s/blog_67f297b00102dsl0.html

LifeStraw. Choose your Product. Retrieved from https://lifestraw.eartheasy.com/

Lucia, A., & Erpf, K. (2008). *Mission Report on the Evaluation of the PlayPumps installed in Mozambique*. Retrieved from https://www-tc.pbs.org/frontlineworld/stories/southernafrica904/flash/pdf/mozambique_report.pdf

March, E. (2006). When Innovation is Child's Play. *WIPO Magazine.*

Martin, D. (2009). *Viability of PlayPumps*. Retrieved from http://objectsindevelopment.net/wp-content/uploads/2011/04/wateraid_letter_playpumps.pdf

OrphanNutrition. 水的淨化。Retrieved from http://www.orphannutrition.org/chinese/safe-food-practices/clean-water/

PlayPumps. (2017). Welcome to Roundabout Water Solutions. Retrieved from http://www.playpumps.co.za/

Preventing waterborne disease. Retrieved from http://www.who.int/phe/events/wha_66/flyer_wsh_water_borne_disease.pdf?ua=1

Rocha, R. (2011). Pump & Play. *Water Quality Products*, 46.

Schwartz, A. (2011). D.Light Launches An Ultra-Cheap Solar Lantern For Studying. Retrieved from https://www.fastcompany.com/1678042/dlight-launches-an-ultra-cheap-solar-lantern-for-studying

Scott, O. (2010a). The Playpump – A Review from Teachers. Retrieved from https://archive.fo/OqZmy#selection-25.0-25.18

Scott, O. (2010b). The Playpump II. Retrieved from https://archive.fo/nt2lf

Scott, O. (2010c). The Playpump III – "The challenge of good inquiry.". Retrieved from https://archive.fo/uEbCt

UnchartedPlay. Learn About Our More Micro-Generator Technology. Retrieved from http://www.unchartedplay.com/tech

UnchartedPlay (Producer). (2012, 10/01/2017). Uncharted Play presents the sOccket.
[Vedio] Retrieved from https://www.youtube.com/watch?v=Bi8-wLWqJp8

UnchartedPlay. (2013). SOCCKET: The Energy-Harnessing Soccer Ball. Retrieved from https://www.kickstarter.com/projects/unchartedplay/soccket-the-energy-harnessing-soccer-ball/description

UnchartedPlay. (2014). E'rbody Gets A New SOCCKET. Retrieved from https://www.kickstarter.com/projects/unchartedplay/soccket-the-energy-harnessing-soccer-ball/posts

Vandendriessche, M. (2012). The Story Of Playpumps: Merry-Go-Rounds, Water, And Failures In Development Aid. Retrieved from http://unitedexplanations.org/english/2012/03/22/the-story-of-playpumps-merry-go-rounds-water-and-failures-in-development-aid/

Water Safety Plans: Helping People in South Asia access safer, cleaner water. (2015). Retrieved from New Delhi: http://www.who.int/water_sanitation_health/water-quality/safety-planning/searo-wsp-brochure.pdf?ua=1&ua=1

WaterIsLife. New Technology. Retrieved from http://waterislife.com/

clean-water/new-technology
Wetzel, B. (2015). The Clinton Global Intiative University: Empowering The Next Generation Of Social Innovators. Retrieved from https://knightfoundation.org/articles/clinton-global-initiative-university-empowering-next-generation-social-innovators
Whalan, H. (2014). Hip Gadgets For The Developing World Won't Solve Global Poverty: Stop Making Them. Retrieved from
https://www.fastcompany.com/3026537/hip-gadgets-arent-going-to-solve-global-poverty-stop-making-them
Witkin, J. (2010). Using Soccer to Supplant Kerosene Use? : New York Times.
Zenios, S. (2012). *PlayPumps International: Gaining User Buy-In*. Retrieved from https://www.gsb.stanford.edu/faculty-research/publications/playpumps-international-gaining-user-buy
世界衛生組織（2014）:《飲用水水質指南》，第1版。上海：上海交通大學出版社。
世界衛生組織（2016）：飲用水。《實況報導》。獲取於http://www.who.int/mediacentre/factsheets/fs391/zh/
臺灣電力公司（2012）:《2012年各國電價比較》。獲取於
http://www.taipower.com.tw/UpFile/_userfiles/file/%E5%90%84%E5%9C%8B%E9%9B%BB%E5%83%B9%E6%AF%94%E8%BC%83.pdf
國際行動十年辦公室（2004）:〈國際行動十年，生命之水，2005-2015〉。獲取於http://www.un.org/zh/waterforlifedecade/human_right_to_water.shtml
聯合國大會（2010）:《64/292 享有飲水和衛生設施的人權》。獲取於
http://www.un.org/zh/documents/view_doc.asp?symbol=A/RES/64/292

第七章

ChildSafeNetwork. (2005). Children Are Not Tourist Attractions. Retrieved from http://www.thinkchildsafe.org/thinkbeforevisiting/

Frenzel, F. (2016, 06/23/2016). Slumming it: how tourism is putting the world's poorest places on the map. The Conversation. Retrieved from https://theconversation.com/slumming-it-how-tourism-is-putting-the-worlds-poorest-places-on-the-map-61320

Frenzel, F., Koens, K., Steinbrink, M., & Rogerson, C. M. (2015). Slum Tourism: State of the Art. *Tourism Review International*, 18(4), 237-252. doi:10.3727/154427215X14230549904017

Macha, N. (2013, 04/12/2013). 南非假貧民窟供有錢旅客「體驗貧窮」。*Global Voices*。獲取於 https://zht.globalvoices.org/2013/12/04/15984/

Monroe, E., & Bishop, P. (2016). *Slum tourism: helping to fight poverty ...or voyeuristic exploitation?* . Retrieved from https://www.tourismconcern.org.uk/wp-content/uploads/2016/02/Slum-Tourism-Report-print-web.pdf

Odede, K. (2010, 08/09/2010). Slumdog Tourism. The New York Times. Retrieved from http://www.nytimes.com/2010/08/10/opinion/10odede.html

TourismConcern. (2017). Should You Visit An Orphanage? Retrieved from https://www.tourismconcern.org.uk/should-you-visit-an-orphanage/

UNICEF. (2011). *A study of attitudes towards residential care in Cambodia*. Retrieved from http://www.unicef.org/eapro/Study_Attitudes_towards_RC.pdf

Watson, M. (2016). Who benefits from slum tourism? Retrieved from https://www.tourismconcern.org.uk/who-benefits-from-slum-tourism/

Weiner, E. (2008, 03/09/2008). Slum Visits: Tourism or Voyeurism? *The New York Times.* Retrieved from http://www.nytimes.com/2008/03/09/travel/09heads.html?mcubz=3

人生百味（2017）。城市狹縫旅行團：一起看見「貧窮人的臺北」。獲取於 https://www.zeczec.com/projects/inadequate2017

卞中佩（2017，09/13/2017）:〈貧窮體驗可以有更基進的想像。《報導者》。獲取於 https://www.twreporter.org/a/opinion-slum-tourism

臺北DiD黑暗對話社會企業。培訓師團隊。獲取於：http://www.did-tpe.com/site/20021-%E5%9F%B9%E8%A8%93%E5%B8%AB%E5%9C%98%E9%9A%8A

臺北DiD黑暗對話社會企業。第七屆黑暗對話培訓師招生公告。獲取於 http://www.did-tpe.com/site/11001-%E5%BE%B5%E6%89%8D

臺北DiD黑暗對話社會企業。歷年實績。獲取於 http://www.did-tpe.com/site/10401-%E7%B2%BE%E5%BD%A9%E6%A1%88%E4%BE%8B

臺北DiD黑暗對話社會企業。關於黑暗對話。獲取於：http://www.did-tpe.com/site/10201-%E9%97%9C%E6%96%BC%E9%BB%91%E6%9A%97%E5%B0%8D%E8%A9%B1

李永昌（2003）: 視覺障礙者工作職類研究。《殊教育與復健學報，11》，18。

李秉宏（2014）:〈臺灣視障者就業困境〉。獲取於 http://disable.yam.org.tw/node/4262

曾文勤（2017，09/20/2017）:〈如果我是他——當貧窮體驗作為一種倡議的手段〉。《公益交流站 NPOst.tw》。獲取於：http://npost.tw/archives/37333

黑暗對話社會企業（2016）:《2016 DID公益報告書》。獲取於http://www.did-tpe.com/ai/did-tpe/x/%E7%A4%BE%E6%9C%83%E5%BD%B1%E9%9F%BF%E5%8A%9B/2016%20DID%20%E5%85%AC%E7%9B%8A%E5%A0%B1%E5%91%8A%E6%9B%B8/2016%20DID%20%E5%85%AC%E7%9B%8A%E5%A0%B1%E5%91%8A%E6%9B%B8.pdf

楊聖弘（2014）:《視覺障礙者職業重建成功策略教戰手冊》。臺北：勞動部勞動力發展署。

董俞佳（2014，05/04/2014）:〈花錢讓孩子到貧國體驗貧窮　爸媽搶翻〉。《聯合報》。

謝邦俊, & 蔣筱鈺（2014）:《與黑暗對話1000日：社會企業經營實務三年初體驗》。臺灣：財團法人愛盲基金會。

第八章

Amway. (2018). Amway announces sales of $8.6 billion USD for 2017. Retrieved from https://www.amwayglobal.com/amway-announces-sales-8-6-billion-2017-emphasis-product-innovation-technology-leads-companys-future-focus/

Enhancing livelihoods through Project Shakti. Retrieved from https://www.hul.co.in/sustainable-living/case-studies/enhancing-livelihoods-through-project-shakti.html

Fighting for the next billion shoppers. (2012). *The Economist*.

IMPROVING LIVELIHOODS FOR THOUSANDS OF WOMEN ENTREPRENEURS. Retrieved from https://livinggoods.org/what-we-do/improving-livelihoods/

Water-smart products for water-stressed living. Retrieved from https://

www.unilever.com/sustainable-living/reducing-environmental-impact/water-use/water-smart-products-for-water-stressed-living/index.html
世界銀行。烏干達。Retrieved from https://data.worldbank.org.cn/country/uganda

LEARN系列040

社企是門好生意？
社會企業的批判與反思

作　者—徐沛然
主　編—陳信宏
編　輯—王瓊苹
責任企畫—曾俊凱
封面插畫—Lon
封面設計—兒日
內文排版—極翔企業有限公司

編輯顧問—李采洪
董事長—趙政岷
出版者—時報文化出版企業股份有限公司
108019台北市和平西路三段二四〇號三樓
發行專線—（〇二）二三〇六—六八四二
讀者服務專線—〇八〇〇—二三一—七〇五
（〇二）二三〇四—七一〇三
讀者服務傳真—（〇二）二三〇四—六八五八
郵撥—一九三四四七二四時報文化出版公司
信箱—10899臺北華江橋郵局第99信箱
時報悅讀網—http://www.readingtimes.com.tw
法律顧問—理律法律事務所　陳長文律師、李念祖律師
印　刷—勁達印刷有限公司
初版一刷—二〇一八年十一月二十三日
初版四刷—二〇二一年三月二十二日
定　價—新台幣三六〇元

時報文化出版公司成立於一九七五年，
並於一九九九年股票上櫃公開發行，於二〇〇八年脫離中時集團非屬旺中，
以「尊重智慧與創意的文化事業」為信念。

社企是門好生意？：社會企業的批判與反思 / 徐沛然著. -- 初版. -- 臺北市：時報文化, 2018.11
288面；14.8X21公分. --（Learn系列；40）

ISBN 978-957-13-7595-3（平裝）

1.社會企業

547.9　　107018224

ISBN 978-957-13-7595-3
Printed in Taiwan